저자 **윤상철**(尹相喆)

- 성균관대학교 철학 박사.
- 87년부터 대산선생 문하에서 四書 및 易經 등을 수학. 『대산주역강해』·『대산주역점해』·『미래를 여는 주역』·『주역전의대전역해』 등의 편집위원.
- 저서에 『후천을 연 대한민국』, 『세종대왕이 만난 우리별자리』, 『시의적절 주역이야기』, 『주역점비결』, 번역에 『하락리수』, 『오행대의』, 『천문류초』, 『천상열차분야지도 그 비밀을 밝히다』, 『매화역수』, 『황극경세』, 『초씨역림』, 『팔자의 시크릿』 등이 있음.

이름, 호와 함께 빛나다

- **초판 발행** 2024년 10월 30일
- **저자** 건원 윤상철
- **편집** 이연실 윤여진
- **발행인** 윤상철 · **발행처** 대유학당 since1993
- **출판등록** 2002년 4월 17일 제305-2002-000028호
- **주소** 서울 성동구 아차산로 17길 48 skv1 센터 1동 814호
- **전화** 02-2249-5630 010-9727-5630
- **블로그** http : //blog.naver.com/daeyoudang
- **유튜브** 대유학당 TV
- **ISBN** 978-89-6369-160-2 03150
- **정가** **30,000**원

이름,
호와 함께
빛나다

호송 시집을 내면서

내가 선사님(대산선생님)께 호를 받은 것은 1988년, 대학을 졸업하고 군대에서 제대한 후 사회 초년생 시절인 29세 때였다. 그전에도 율곡, 퇴계, 다산 등 역사 속 인물들의 호에 익숙하긴 했지만, 나와 1:1로 매칭되어 나를 지칭하는 호를 받은 것은 그때가 처음이었다.

'나'와 '건원'이라는 호가 저울의 눈금을 재듯이 정확하게 일치하는 것은 아니었다. 호란 현재의 가치에 미래에 획득할 수 있는 가치를 더해 붙이는 것이기 때문이다. 이를 위해서는 지금의 나를 잘 설명할 뿐만 아니라, 장래의 희망이 담겨 있어야 한다. 또한, 그 희망을 이루기 위한 교훈이 될 가치관과 부족한 성품을 보완해줄 가치도 포함되어야 한다.

선사께서는 "'호'는 부르는 것이고, '칭'은 저울질한다는 뜻이다. 그 사람의 덕과 능력을 저울질하여 그 무게에 맞는 이름을 부르는 것이 '호칭'이다. '명'과 '자'와 '호'가 바로 그러한 호칭인데, 특히 '호'는 덕과 학식, 능력을 종합적으로 표현한 것이다. 이는 세상에 태어나며 부여받은 천성을 계발해 세상을 구성하는 사람이 되고, 그 호수(號數)에 참여한다는 의미이다. 그래서 '부를 호(号)' 자와 '범 호(虎)' 자를 나란히 써서, 잘나고 용맹스러운 모습을 부르는 것이다."라고 하셨다.

호에는 자신이 만들어 부르는 '자호(自號)'와, 상대방의 희망과 목적을 담아 지어주는 '아호(雅號)'가 있다. 상황에 따라 여러 개의 호를 가질 수도 있다.

내가 선사님께 받은 호는 '건원'이라는 두 글자와, 그 호를 칭송하는 7언 절구 송시였다. 선사님께서 지으신 송시에는 이름과 호 두 글자가 반드시 들어갔다. 이름을 앞세워 살아온 덕분에 호를 받게 되었으니, 그 노고를 치하하고 앞으로는 호가 인생을 이끌어간다는 뜻으로 송시에 이름과 호를 넣어 수미상응(首尾相應)하고 명호상장(名號相長)하여 삼재로서의 공을 세우라는 의미를 담으셨다.

선사님의 도가 높아서인지, 선사님께 호를 받은 사람들은 모두 뜻을 이루었다. 승진을 원하던 사람은 승진했고, 사업을 번창하고 싶던 사람은 번창했으며, 건강을 바라던 사람은 건강해졌다.

나 역시 건원이라는 호를 받은 이후로, 항상 새벽이나 이른 봄처럼 배우고 실력을 기르는 데 애썼고, 새로운 것을 먼저 시작하고 부지런히 노력하는 삶을 살았다. 원래 그런 성향이 있었겠지만, 호가 그 성향을 더욱 자극한 것이다. 그 덕분에 가을이라는 뜻의 호를 받은 사람처럼 결실을 맺지는 못했지만, 성실하게 먼저 시작하는 사람으로 평가받았다. 그래서 대유학당에서 출간되는 책도 다른 곳에서는 다루지 않은 내용들이 주류를 이루었다.

세월이 흘러, 나도 어느덧 선사님처럼 지인들에게 호를 지어주게 되었다. 나 역시 호와 7언 절구 송시를 지어주었는데, 현 세대가 사서삼경 등 경전에 익숙하지 않다는 점을 고려해 자세한 풀이를 덧붙였다. 선사님께서 하셨던 것보다 친절하게 설명했지만, 호의 효용성은 선사님의 호에 비해 떨어진 듯했다.

왜 그럴까? 아마도 내가 선사님보다 도가 낮기 때문일 것이다. 호는 일종의 부적이다. 그 효용성이 높으려면 굳게 믿어야 한다. 호를 짓는 사람과 받는 사람이 모두 그 사람이 호처럼 될 것이라고 믿어야 한다. 그러려면 호를 짓는 사람이 유명하고 권위가 있으며, 덕과 지혜가 뛰어나고 앞날을 내다보는 혜안이 있어야 한다. 본인이 직접 와서 호를 받으면 효과가 있지만, 자식이나 지인을 위해 호를 짓는 경우에는 당사자만큼의 믿음이 부족하기 때문이다.

훌륭한 분이 나의 성품과 능력을 정확히 판단해 호를 지어주고, 내가 성공할 수 있는 희망을 담아주었기 때문에 나는 반드시 성공하고 행복해질 수 있다고 굳게 믿어야 한다. 그래야 내가 호의 주인이 되어 행복하고 성공할 수 있다. 목표가 있는 사람은 성공하지만, 목표가 없는 사람은 그저 세월만 흘려보내는 것이다.

벌써 9월이다. 연초에 계획을 세우지 않은 사람이라면 "뭐라고! 벌써 9월이라고? 세월이 왜 이렇게 빠르지?" 하겠지만, 계획을 세워 실천한 사람은 성취감에 흐뭇한 마음으로 9월을 맞이하고 있을 것이다.

이 송시집에 참여한 사람들은 물론, 호를 받은 모든 사람들이 호가 주는 축복과 행복을 누리며 성공하는 삶을 살기를 기원한다.

2024년 9월

대유학당에서 乾元 尹相喆

주역 공부를 계속 하면서

퇴직한 지 벌써 10년이 지났다. 그 무렵, 지나온 여정을 되돌아보며 한 가지 깨달은 점이 있었다. 인생은 크게 보면 세 개의 막으로 이루어져 있다는 것이다.

태어나서 전적으로 부모님의 도움으로 공부하고 일자리를 구해 결혼하기까지, 기본을 갖추는 것이 제1막이다. 이어서 사회로 나아가 대인들을 만나 배우고 익히며, 한편으로 좌충우돌 돌진해 왔던 것이 제2막이다. 그리고 이제 퇴직 후 조용히 하산의 길을 걸어가야 할 시기가 제3막이다. 제1막과 제2막은 각각 약 30년 정도의 기간을 가졌으며, 운이 좋다면 제3막도 30년 정도 지속될 것이라 기대했다.

인생을 등산에 비유해도 마찬가지다. 기본기를 갖추고 앞만 보고 준히 올라가는 구간, 능선에 올라 전후좌우와 상하(六位)를 살피면서 정상에 도달하는 구간, 그리고 잠시 쉬었다가 하산하는 구간, 이렇게 세 구간으로 나뉜다. 보통 에너지는 각각 30%씩 배분하고, 나머지 10%는 비축해 두는 것이 이상적이다. 안전하고 즐거운 산행을 위해서는 힘의 배분만큼이나 하산하는 방법이 중요하다. 하산 길에는 항상 위험이 도사리고 있기 때문이다. 그래서 인생의 하산을 어떻게 할 것인지 심각하게 고민하던 시기가 있었다.

이리 갈까 저리 갈까, 갈림길에서 망설이던 그때, 주역 공부를 권유하는 친구들이 몇 있었다. 그렇게 대유학당에 입문하게 되었다. 하경부터 시작해 계사전, 입문, 상경 순으로 몇 바퀴를 돌았다. 주역은 평이하고 간단한 학문이지만 모든 것을 갖추고 있어 항상 가까이 하라는 말을 듣곤 했다. 그러나 공부를 할수록 점점 더 깊은 수렁에 빠져드는 느낌은 여전하다.

운동도 그렇듯이, 공부도 반복이라고 한다. 반복할수록 성인들의 말씀은 더욱 선명하게 각인되는 부분이 있다. 그것이 우왕좌왕하던 일상생활에 방향을 잡아주는 빛이 되고, 또한 앞으로 가야 할 길을 알려주는 좌표가 되고 있다.

우리는 주역 64괘 384효 속에서 살아가고 있다. 즉, 우리의 일상생활이 주역 안에 있다는 것이다. 주역은 때에 맞게 행동하면 미래에 좋은 결과, 즉 길(吉)을 얻게 될 것이라고 출처진퇴의 때를 강조한다. 하산 길에서의 때란 무엇일까를 생각하게 된다. 자신을 항상 연마하며 준비는 하되, 때를 기다리는 자세가 중요하다(待時而動). 때가 왔다고 판단되면 반드시 움직여야 한다. 그리고 움직이지 않을 때는 몰라도, 일단 움직인다면 적극적으로 행동하여 좋은 결과를 만들어 내야 한다는 생각이다(動而不括).

산을 오르다 보면 숨이 차오를 때가 있다. 그럴 때는 그늘 아래에서 잠시 쉬어가기도 한다. 설악산 백담사에서 봉정암으로 올라가는 마지막 깔딱고개에는 '해탈고개'라는 표지가 있다. 무거운 짐은 내려놓고, 몸과 마음을 가볍게 비우고 올라가면 이 고비를 쉽게 넘길 수 있다는 뜻으로

다가온다. 이는 인생의 하산 길에서도 항상 근신하며 조심하는 자세를 유지하라는 메시지다(戒愼恐懼). 우환이 많은 세상에서 일상에 허물이 없도록 하는 것이 가장 중요하다(其要无咎). 모든 것을 비우고 나아가면 앞으로의 인생은 계속 편안해질 것이라 믿는다(寂然不動).

공부는 천천히 하면서 반복하는 것이며, 평생 이어가는 일이다. 그리고 함께하는 것이 오래 공부할 수 있는 방법이다. 이번에 호송시집이 출간되면서 그동안 흩어져 있던 도반들이 다시 하나의 동인 울타리 안에 모여 함께할 수 있는 계기가 되기를 바란다. 올해처럼 유난히 무더운 날씨 속에서도, 건원 선생님을 비롯한 대유학당의 모든 분들의 노고에 깊은 감사를 드린다.

2024년 9월

泰井 김 태 곤

추천사

대유학당에서 주역을 배운 지 6년이 되었지만, 아직 주역의 참맛을 깊이 느꼈다고 하기엔 부족함이 있습니다. 그러나 주역 계사전에 "건(☰)은 쉽게 주장하고 곤(☷)은 간단하게 받아들임으로써 천하의 모든 이치를 얻을 수 있다(易簡而天下之理 得矣)"라고 했듯이, 건원 선생님의 명쾌한 강의를 믿고 따라가다 보면 주역의 이치에 통달할 것이고, 그것이 곧 우주의 이치를 깨닫는 길이라 생각합니다.

더구나 건원 선생님으로부터 '관중'이라는 호를 받았을 때, 그 송시의 첫 구절 "손을 씻고 제사 올리기 전의 마음이면 모두가 믿고 존경할 것이니(盥而不薦 有孚顒하니)"라는 말씀이 제 마음 깊이 와 닿았습니다. 그리하여 지금까지 모든 일에 정성을 다하며 살아가고 있습니다.

옛말에 10살까지는 친구로 보며 사귄다고 하지만, 어느덧 70이 넘은 나이에 서로를 '애니, 재니'하며 이름을 부르기는 쉽지 않았습니다. 하지만 호를 받은 후 서로를 호칭으로 부르니, 우리 사이가 더 정중해졌고, 주변 사람들도 우리를 보며 품격이 느껴진다며 좋게 보아주었습니다.

대개 호는 그 사람의 고향이나 지향점을 반영해 짓는다고 알고 있습니다. 너무 고상하게 지으면 부담스럽고, 너무 가볍게 지으면 비속하게 여

겨질 수 있는데, 건원 선생님께서 주역의 구절에서 따온 글귀로 호를 지어주신 덕에 자연스레 품격이 생기고, 저 또한 자부심을 느끼게 되었습니다.

이제 그동안 선생님께서 지어주신 호를 모아 '호송집'으로 발간하신다고 하니, 그 철학적 깊이와 문학성으로 볼 때, 혼자만 보기 아까운 글들이 드디어 세상에 나올 수 있게 된 것이 매우 기쁘고 감사할 따름입니다.

이 마음을 이렇게 글로 적어봅니다.

2024년 9월

觀中 南允鉉 올립니다

추천사

자천우지 길무불리(自天祐之 吉无不利)! 하늘이 돕는지라, 길하여 이롭지 않음이 없다는 말입니다. 동양학의 불모지인 생거진천의 하늘 아래에서 [주역을 중심으로 한 동양학강좌]가 열려 5년째 이어지고 있으니, 참으로 '자천우지 길무불리'가 아닐 수 없습니다.

처음 〈동양학강좌〉를 개강할 때, 저는 주역이 대자연과 우주만물의 심오한 원리를 담고 있으며, 괘는 우주의 변화 현상을 표현한 것이라고 하였습니다. 그 현상을 보고 배우고 느낀 후, 이를 바탕으로 수양하여 나의 덕을 기름을 목적으로 삼자고 강조하였습니다.

강의를 통해 만물이 회통하는 법칙, 인간이 하늘의 뜻에 순응하는 법칙을 배우며, 하늘을 공경하고 땅에 감사하는 삶의 지혜를 얻고 있습니다. 특히 강의 시간에 함께 경을 읽는 소리는 지축을 울리고 하늘에 닿아 지역 사회를 깨우고 발전시키는 계기가 됩니다. 마치 삼국시대에 김유신 장군이 이 땅에서 화랑들을 연마하며 통일의 위업을 준비하던 열정이 다시 살아나는 것 같아, 영광스러운 이 땅 생거진천의 복이라는 생각이 듭니다.

어려운 여건 속에서도 동양학강좌를 이끌어주신 건원 선생님께 진심으로 감사드립니다. 서울에서 이곳까지 먼 거리를 마다하지 않으시고, 오직 동양학을 널리 펼치시려는 선생님의 헌신적인 노력에 회원 모두가 고마운 마음을 간직하고 있습니다.

더욱이 선생님께서는 동양학강좌에 참여한 우리들에게 맞춤형 호를 지어주셨습니다. 우리는 부모님이 지어주신 귀한 이름을 가지고 있지만, 선생님이 지어주신 호에는 각자의 삶의 목표와 방향이 담겨 있어 그 가치는 매우 크다고 생각합니다.

호를 지으실 때 삶의 목적을 이루는 방책이 담긴 아름다운 호송시를 함께 지어주셔서, 혼자 읽고 간직하기엔 너무 아깝다는 생각을 해왔습니다. 그런데 이번에 그동안 지어주신 호와 송시를 모아 '호송시집'을 출간하신다 하니, 너무 감사하고 또 축하를 드립니다.

호송시집에는 7언 절구 형식의 호송시, 번역문, 그리고 약력이 실려 있어 회원들 간의 정보를 공유할 수 있습니다. 더불어 각 호에는 개인의 현재 상황과 미래의 희망이 담겨 있어 서로 인정하고 격려할 수 있습니다. 앞으로는 각자가 받은 호를 부르며, 그 호에 걸맞게 살기를 응원하고, 호에 담긴 희망이 이루어지기를 기원합니다.

'모든 것이 합하여 선을 이룬다'는 말이 있습니다. 호송시집 출간에 함께해주신 모든 분들께 진심으로 감사드립니다.

2024년 9월 28일

성균관유도회 진천지부 총무부장 가산 이상백

호송 목차

이름순으로 되어 있습니다.

약선 김동조

金東調 君子 雅號 若仙頌
김 동 조 군 자 아 호 약 선 송

日出東海 調藥山하니
일 출 동 해 조 약 산

用晦老翁 又回春이라
용 회 노 옹 우 회 춘

儉德外順 眞仙若하니
검 덕 외 순 진 선 약

一天明月 照 頂蓮이라
일 천 명 월 조 정 련

金牛 大壯月 乾元
금 우 대 장 월 건 원

若仙: 仙은 佛이요 佛은 覺이라
생로병사를 아는 자는 생로병사가 없는 것이다.

金東調 君子 雅號 若仙頌

김동조 군자의 아호 약선을 칭송함

'같을 약, 너 약' 자에 '신선 선' 자를 쓰니, 신선과 같은 사람, 또는 네가 신선이라는 뜻이다. '신선 선' 자를 파자하면 '사람 인人+ 메 산山'이다. 산 에서 사는 사람이다. 산은 조용하고 아늑하며 동물과 식물이 고르게 분포하며 사는 안정된 삶터이지만, 이동하거나 다른 사람이 찾아오기는 불편한 곳이다. 그래서 있는 그대로에 만족하고 살아야 한다. 만족하고 살면 행복하고 오래 살 수 있다. 나는 모든 것을 검소하게 쓰고 순리대로 살고자 하는 사람이다.

또 보현보살의 「십대원」에 "모든 사람을 다 부처님으로 알고 공경하고 공양하기를 원한다."고 하였다. '약선'의 '약' 자에 '당신, 너'라는 뜻이 들어 있으니, '당신이 바로 신선'이라는 뜻으로 나도 너도 모두 신선으로 알고 공경하겠다는 것이다.

日出東海 調藥山하니

해가 동쪽 바다에 떠서 약산을 비추니

여기서 김동조 군자의 이름을 '일출동산 조약산'으로 풀이하였다. 아침이 되어서 해가 떠올랐다. 밤새 어둡고 춥게 지내다가 따뜻한 아침을 맞은 것이다. 특히 약산의 약초가 따사로운 햇살에 조화되어서 꽃을 피고 열매를 맺는다. 사람을 살리고 만물을 살리고자하는 약산을 경영하게 된 것이다.

用晦老翁 又回春이라

그믐을 쓰던 노옹이 또 회춘하게 되었네

어둡고 추울 때는 나의 지혜와 힘을 감추고 선행한 일을 자랑하지 말아야 한다. 어두울 때 앞장서서 나가다가 넘어지기 쉽고, 추울 때 꽃을 피우려다 동해를 입기 마련이다. 그래서 노옹의 경험을 바탕으로 자신의 능력을 감추고 선행한 일을 감춰야 하는 것이다. 그런데 때가 되었다. 해가 떠오르고 봄이 되어서 약산에 꽃이 피었으니, 와룡(臥龍)이 현덕(玄德)을 만나 등용되듯이 회춘할 때를 만난 것이다.

儉德外順 眞仙若하니

덕을 검소하게 쓰고 행동을 순리대로 해서 참 신선과 같으니

주역에 "안은 문명하게 판단하고 바깥은 유순하게 행동하면 어려움을 이길 수 있다." "어려울 때는 덕과 능력을 검소하게 쓰라"고 했고, "지금 평화로워도 망할 때가 곧 올 듯 걱정해야 우묵한 뽕나무에 매듯이 튼튼해질 것이다"라고 했다. 즐겁거나 슬프거나, 풍요롭거나 빈곤하거나, 흥하거나 망하거나, 세상을 관조하면서 순리대로 살아가니 진정한 신선이다.

一天明月 照頂蓮이라

어느 좋은 날 밝은 달이 정수리 연꽃을 비추네

정수리의 연꽃이 활짝 피어서 참 나와 우주가 하나가 될 때가 온다. 외부의 평판에 신경 쓰지 않고 육근을 완전히 닫으면 내재된 힘이 회음부터 백회까지 환한 통로를 만들면서 연꽃을 피게 한다. 약산을 경영해서 사람들을 살리면서도 자랑하지 않으며 '검덕외순'을 실천하니 회춘하게 되고 참 신선이 되는 것이다.

金牛 大壯月 乾元

신축년 이월에 건원이 짓다

금우는 신축년이고, 신축년은 2021년이다. 신축년의 신이 금이고, 축이 소인 것이다. 대장월은 양이 크게 씩씩해졌다는 뜻이다. 여섯 효 중에 네 효나 양이 자라 올라왔으니 목표의 반을 넘어선 것이다. 이때에 신선이 된다는 약선이라는 호를 받았으니, 거의 이루어졌다 할 것이다.

함산 김상태

金常泰 君子 雅號 咸山頌
김 상 태 군 자 아 호 함 산 송

日往月來 常泰安하니
일 왕 월 래 상 태 안

山澤通氣 作咸山이라
산 택 통 기 작 함 산

修身齊家 治國平하니
수 신 제 가 치 국 평

自然門戶 得慶萬이라
자 연 문 호 득 경 만

甲辰 大壯月 乾元
갑 진 대 장 월 건 원

1948년 진천생,
한국전력공사 32년간 재직,
정보통신부장으로 정년 퇴임.

金常泰 君子 雅號 咸山頌

김상태 군자의 아호 함산을 칭송함

'다 함, 느낄 함, 메 산, 산 산'이니, 몸으로 느끼고 마음으로 느끼는 산이고, 모두가 느껴서 하나가 되는 산이다. 또 나의 욕심을 비움으로써 상대방의 뜻을 다 받아들이며 공감하는 산이다. 왜 그런가? 산은 높은 것인데, 그 위에 호수를 이고 있다. 산의 정상을 비워놓지 않으면 불가능한 일이다. 나의 제일 큰 자존심을 비워야 만물의 생활터가 되는 아름다운 호수를 담을 수 있는 것이다. 이런 산은 백두산이고 한라산이며 마니산으로, 모두 천제를 지내는 신령한 산이다.

'함'은 '느낄 감感' 자에서 '마음 심心'을 뺀 글자이다. 마음으로만 느끼는 것이 아니고 몸으로도 느낀다는 뜻이다. 무엇을 느끼는가? 나의 감정을 느끼고 타인의 감정을 느끼는 것이다. 느낌은 소통이다. 나는 나를 잘 느껴서 몸과 마음이 하나 되고 순환이 잘 되는 사람이며, 나아가 주변 사람과 잘 느끼며 소통을 잘 하는 사람인 것이다.

그래서 함산은 느낌 자체이며, 소통하는 터전이다. 모두가 함산에 와서 자신을 느끼고, 주변을 느끼는 등 소통을 하고 가는 것이다. 나 함산은, 나 자신과 내 주변을 누구보다도 잘 느낄 마음이 있고, 또 그런 터를 제공하는 사람이다. 또한 그런 마음을 목표로 삼아 살아가는 사람이다.

日往月來 常泰安하니

해가 뜨고 달이 떠서 이 큰 세상을 항상 안정되게 하니

김상태 군자의 이름을 '일왕월래 상태안'으로 풀었다. 해와 달은 생명체를 길러주는 원동력이다. 해와 달이 번갈아 뜨면서 하루를 만들고, 하루가 모여 한 달이 되며, 한 달이 모여서 세월이 된다. 년년세세 쉬지도 않고 한가로이 오고가면서 만물을 따뜻하게 비춰주니, 이 세상이 영원토록 태평하게 각자의 삶을 누릴 수 있는 것이다.

山澤通氣 作咸山이라

산과 못이 기운을 통해서 함산을 만드네

'산'은 하늘의 성기(性器)이고 '택(澤)'은 땅의 성기이고, 산은 소년이고 택은 소녀이다. 함괘(咸卦)는 산이 아래에 있고 택이 위에 있다. 그 뜻은, 하늘과 땅이 완전히 합궁(合宮)을 이루었다는 것이고, 가장 잘 느낄 수 있는 소년과 소녀가 연애를 한다는 뜻이다. 부부가 느껴서 하나가 되면 자식이 태어나고, 하늘과 땅이 느껴서 하나가 되면 만물이 생겨난다. 해와 달이 번갈아 뜨면서 비춰주고 기운을 주니, 만물이 서로 느껴서 낳고 기르는 함산이 만들어진 것이다.

修身齊家 治國平하니

수신제가해서 나라가 다스려지고 천하가 태평해지니

대학에 "수신을 하면 집안이 잘 다스려지고, 제가를 하면 나라가 잘 다스려지고, 치국을 하면 천하가 태평해진다"고 하였다. 함산에서 태어나고 자란 만물이, 모두 자기의 성품대로 잘 살 수 있도록 잘 인도되고 자라서 온 세상이 태평해지는데, 그렇게 만드는 가장 큰 주인공은 김상태 군자인 것이다.

自然門戶 得慶萬이라

자연히 문앞에 만 가지 경사가 생기네

해와 달은 만물을 기르고, 그 중에서도 함산이 해와 달의 정기를 받아 더욱더 잘 길러주고 세상을 평안하게 해주니, 함산의 가족과 주변에 만 가지 경사가 가득한 것이다.

甲辰 大壯月 乾元

2024년 음력 2월에 건원 지음

갑진년은 2024년이고, 대장월은 음력 2월로 양이 기세를 부리는 때이니, 앞으로 전진하며 공정한 사회를 만들 일만 남았다는 뜻이다. 천명을 알아서 수신에 힘쓰고, 주변을 잘 포용하며 함께 행복의 길을 찾아간다는 뜻의 '함산'이라는 호와 잘 어울리는 계절이다.

연향 김선화

金仙花 淑女 雅號 蓮香頌
김 선 화 숙 녀 아 호 연 향 송

雨逢醴泉 生潭淵하니
우 봉 예 천 생 담 연

一支仙花 特出姸이라
일 지 선 화 특 출 연

日日揚善 蓮香明하니
일 일 양 선 연 향 명

前庭蘭桂 太平衍이라
전 정 란 계 태 평 연

甲辰 大壯月 乾元
갑 진 대 장 월 건 원

현)승리타로심리상담소 소장
서울기독대학교 일반대학원 사회복지학과 박사(2012년)
애원 시니어 대학교 사회복지학 겸임교수

金仙花 淑女 雅號 蓮香頌

김선화 숙녀의 아호 연향을 칭송함

'연꽃 련, 연꽃 열매 련' 자에 '향기 향, 소리 빛 냄새가 아름다울 향' 자를 쓰니, 연꽃의 향기나 가는 사람, 어려움 속에서도 아름답고 향기 나는 꽃을 피워 세상을 아름답고 향기롭게 하는 사람이라는 뜻이다.

주돈이(周敦頤)는 그의 연꽃을 사랑한다는 글(愛蓮說)에서 "물과 육지에 피어난 꽃 중에서 사랑할만한 것이 매우 많으니, 진나라 도연명은 국화를 사랑했고, 당나라 사람들은 모란을 사랑했다. 그러나 나는 홀로 연꽃을 사랑하니, 진흙 속에서 나왔으나 더럽지 않고, 물결에 몸을 씻으면서도 요염하지 않네. 속은 텅 비고 겉은 곧으며, 넝쿨도 가지도 뻗지 않으며, 향기는 멀수록 더욱 맑으며, 우뚝하게 깨끗이 서 있어서, 멀리 바라볼 수만 있고 가까이 가서 만질 수 없다네. 그래서 나는 국화는 꽃중에 세상을 피해 은둔한 자이고, 모란은 꽃 중에서 부귀를 얻은 자이며, 연꽃은 꽃 중의 군자라고 말하는 것이다."라고 읊었다.

연꽃이 아름답고 군자 같지만, 연못 속에 고고하게 있어서 다가갈 수는 없다고 하였다. 나는 사람이 다가서는 것은 거부하지만, 멀리까지도 나의 향기를 보냄으로써 그들을 아름답게 하고 행복하게 하는 사람이고, 또 그렇게 노력하는 사람인 것이다.

雨逢醴泉 生潭淵하니

하늘의 비와 단샘이 만나 깊고 큰 연못을 만드니

예천은 달고 향기가 나서 마시면 건강하게 장수하고 신선이 되는 샘물이다. 평소에는 아주 조금만 나오기 때문에 사람들이 마실 수 없지만, 비를 만나서 양이 풍부해졌다. 근원이 단샘이기 때문에 나를 만난 모든 물이 단샘이 되는 것이다. 크고 많아져서 드디어 많은 사람이 마실 수 있는 깊고도 큰 연못이 되었다.

一支仙花 特出姸이라

한 줄기 신선의 꽃이 아름답게 자라네

김선화 숙녀의 이름을 '일지선화 특출연'으로 풀었다. 단샘을 먹고 자라더니 신선세계에 피는 특이하고도 우아한 선화의 줄기가 나온 것이다. 왜 한 줄기만 나올까? 예천이 모여 된 담연의 정기를 한 곳으로 모은 것이고, 여러 줄기가 되어서 다른 사람의 시선을 분산시키지 않기 위해서이다.

日日揚善 蓮香明하니

날마다 착함을 드날려서 연꽃향기가 밝게 퍼지니

은나라를 세운 성탕임금은, 세숫대야에 "하루 새롭게 마음을 반성하고 또 다음 날도 새롭게 반성해서 날마다 새롭게 나를 만든다"라고 새겨서, 자신을 독려했다고 한다. 나도 매일매일 착한 일을 해서 나를 새롭게 만들고, 착한 일을 하는 주변 사람을 칭찬해서 그들의 이름을 세상에 널리 퍼지게 한다. 단샘에 뿌리를 내려서 단샘을 줄기와 잎에 보내서 연향을 만들고, 그 달고 향기 나는 향내를 온세상에 펼치며 세상을 밝게 행복하게 만드는 것이다. 연꽃의 향기가 왜 밝을까? 누구나 쉽게 볼 수 있고 느낄 수 있어서 그렇다. 날마다 수신하며 날마다 좋은 일을 하니,

점점 더 멀리 연향으로 세상을 아름답고 행복하게 만드는 것이다.

前庭蘭桂 太平衍이라

앞뜰의 난초와 계수나무가 태평함이 끝없어라

나는 갑자기 이 세상에 태어난 사람이 아니다. 내가 태어나기 전에 수많은 조상들이 대를 이어가며 훌륭한 삶을 살았고, 그 결과가 쌓여서 내가 태어났다. 나의 삶은 또 후손들의 밑거름이 될 것이다. 내가 어떻게 사냐에 따라 후손들의 삶이 결정되는 것이다. 마치 나의 과거가 오늘을 만들었고, 지금의 노력이 나의 미래를 결정하는 것과 같다. '난초'와 '계수나무'는 훌륭한 자식이며 후손이다. 내 슬하에 귀한 아들 딸을 두었는데, 내가 연향의 역할을 다하니, 그들이 영원히 편안하고 즐겁게 살게 되는 것이다.

甲辰 大壯月 乾元

2024년 음력 3월에 건원 지음

갑진년은 2024년이고, 대장월은 음력 3월로 양이 기세를 부리는 때이니, 앞으로 전진하며 공정한 사회를 만들 일만 남았다는 뜻이다. 천명을 알아서 수신에 힘쓰고, 주변을 잘 포용하며 함께 행복의 길을 찾아간다는 뜻의 '연향'이라는 호와 잘 어울리는 계절이다.

관음 김성동

金星東 君子 雅號 觀音頌
김 성 동 군 자 아 호 관 음 송

東門明星 弋鳧雁하니
동 문 명 성 익 부 안

琴瑟在御 觀音晏이라
금 슬 재 어 관 음 안

地中有山 稱平施하니
지 중 유 산 칭 평 시

我生 君子 顒千萬이라
아 생 군 자 옹 천 만

甲辰 大壯月 乾元
갑 진 대 장 월 건 원

- 진천태생
- 공학석사, 변리사
- 특허청 심사관, 심사과장, 심판관(공업부이사관)
- 경원대학교/관동대학교(산학협력교수)
- 진천군 정책자문위원

金星東 君子 雅號 觀音頌

김성동 군자의 아호 관음을 칭송함

'볼 관, 살필 관, 드러낼 관' 자에 '소리 음, 가락 음' 자를 쓰니, 세상이 희노애락하는 소리를 살피고 듣는 사람, 서로 화합하는 가락을 듣고 더욱 조화로운 가락을 만드는 사람이라는 뜻이다. 관세음보살은 세상의 소리를 듣고 도와서 모두가 행복하도록 힘쓰는 보살이다. 세상의 소리를 어떻게 보는가? 귀로 듣고, 눈으로 보며, 온몸으로 느껴서 살피는 것이다.

나 역시 세상의 소리를 살펴서 모두 원만하게 되도록 돕는 사람이다. 먼저 내가 원하는 나의 소리에 귀를 기울이고, 나의 동반자 아내의 소리에 귀를 기울이고, 내 가족의 소리에 귀를 기울인다. 또 이웃의 소리를 듣고, 주변 모두의 소리에 귀를 기울인다. 그들의 소리를 듣고 원하는 것을 해결해서 행복하게 해주고, 그들이 원하는 것을 정확히 평가해서 골고루 도와주니, 내 주변이 모두 평화스럽게 되고, 내가 나를 평가해보아도 군자의 삶을 살았다. 보람 있고 후회 없는 인생이라 감사하고 또 감사하는 사람이고, 또 그렇게 되려고 노력하는 사람이다.

東門明星 弋鳧雁하니

동쪽 성문에 샛별이 밝아 익화살로 오리와 기러기를 잡아오니

김성동 군자의 이름을 '동문명성 익부안'으로 풀었다. 시경의 여왈계명(女曰鷄鳴: 닭이 울었어요)이라는 시에, "아내가 '닭이 울어요' 하니/ 남편이 '새벽이라 아직 어둡소' 하네/ 일어나서 하늘을 보세요!/ 샛별이 찬란하니/ 빨리 빨리 달려가/오리와 기러기를 주살로 잡아 오세요/ 주살로 쏘아 잡아 오시면/ 당신과 함께 맛있는 요리 만들어/ 화락하게 술 마시며/ 당신과 함께 늙어 갈게요/ 타고 있는 거문고와 비파도 곡조 안정되어/ 좋지 않은 것 없다오."라고 하였다. 부부가 서로 단점을 보완하며 군자와 숙녀가 되어 아름답게 살아가는 것이다. 조금 귀찮기는 하지만, 아내의 말, 주변의 말에 귀를 기울이며 해결해서 행복하게 사는 것이다.

琴瑟在御 觀音晏이라

금슬이 서로 맞아 관음으로 살펴도 편안하네

조금 귀찮기는 한 말을 들어주니, 거문고와 비파가 어울려 좋은 화음을 내고, 바가지 긁고 원망하는 소리가 없어지며, 보람차게 인생을 사니 행복하고 편안하게 되었다. 나의 호 '관음'으로 세상의 소리를 다 듣고 해결해주니, 해가 저물 때 쯤 되어서는 여유롭게 쉴 수 있게 된 것이다.

地中有山 稱平施하니

땅속에 산이 있듯 겸손하고 사물을 잘 평가해서 공평하게 나누어주니

지산겸괘의 대상전에 나오는 말이다. 높은 산이 겸손하여 평평한 땅과 어울리고, 사람마다 갖고 있는 가치를 잘 평가해서 대접하며, 주변사람들이 원망하지 않게 고르게 사귄다. 이 모두가 내 이름과 호에 맞게 살기 때문에 얻어진 보람이고 행복이다.

我生 君子 顒千萬이라

내 인생이 군자인지라 천만 명이 우러러 보네

어느 날 갑자기 내가 살아온 인생을 돌아보았다. 나는 항상 나의 덕을 높고 크게 만들기를 노력했고, 그렇게 해서 커진 덕을 아낌없이 베풀었다. 이 정도면 군자라 할 만하지 않은가! 이 정도면 나의 최선을 다해서 살았다고 하지 않겠는가! 그렇게 생각하는 순간 내 주변을 살펴보니, 모두가 나를 존경하며 우러러 보고 있다. 모두가 편안하고 행복한 얼굴로 나를 바라보고 있는 것이다.

甲辰 大壯月 乾元

2024년 음력 2월에 건원 지음

갑진년은 2024년이고, 대장월은 음력 2월로 양이 기세를 부리는 때이니, 앞으로 전진하며 공정한 사회를 만들 일만 남았다는 뜻이다. 천명을 알아서 수신에 힘쓰고, 주변을 잘 포용하며 함께 행복의 길을 찾아간다는 뜻의 '관음'이라는 호와 잘 어울리는 계절이다.

가향 김영임

金永任 淑女 雅號 佳香頌
김영임 숙녀 아호 가향송

春風永任 和氣暢하니
춘풍영임 화기창

名園花果 懷佳香이라
명원화과 회가향

隨兌宴息 必節道하니
수태연식 필절도

周邊朋友 日日當이라
주변붕우 일일당

金牛 小暑 乾元
금우 소서 건원

요리연구가.

金永任 淑女 雅號 佳香頌

김영임 숙녀의 아호 가향을 칭송함

'아름다울 가, 좋아할 가, 좋을 가' 자에 '향기 향, 오감으로 느끼는 소리·빛·모양·맛·촉감을 느낌 등이 아름다울 향' 자를 쓰니, 아름답고 운치 있고 정감 있는 향기가 나는 사람, 또는 그런 향기를 만들어가는 사람이라는 뜻이다.

나는 살아온 향기가 있고, 또 앞으로 살아갈 향기가 있다. 내가 말하고 행동하는 하나하나에 나만의 고유하고 아름다운 향기가 있어서, 나 자신은 물론 주변을 아름답고 행복하게 한다. 나는 나의 향기를 길러서, 나를 아름답게 하고 주변을 아름답게 했으며, 또 그 향기를 좀 더 아름답고 운치 있게 하려고 항상 노력하는 사람이다.

春風永任 和氣暢하니

봄바람 오랫동안 불어옴에 화기가 번창하니

여기서 김영임 숙녀의 이름을 '춘풍영임 화기창'으로 풀이하였다. '춘풍'은 만물을 따뜻하게 길러주는 바람이고, '영임'은 오랫동안 책임을 맡는다는 뜻이다. 춘풍을 오랫동안 다스려서 만물을 잘 자라게 하니, 모두가 만족하여 화기가 번창하게 된 것이다. 화기는 조화를 이루는 기운이다. 사람은 누구나 자기의 이익을 주장한다. 각자 주장하는 이익의 공통점을 찾아서 더 이상 다투지 않게 화합점을 찾는 것이 조화이다. 김영임 숙녀가 잘 조절했기 때문에 조화의 기운이 점점 늘어나며 번창하게 된 것이다.

名園花果 懷佳香이라

좋은 동산 꽃과 열매 가향을 품었네

'명원'은 꽃피고 열매 맺고 동물들이 뛰어놀아서 풍요롭고 멋지고 좋다고 소문이 난 동산이다. 김영임 숙녀의 이름이 이끌어서 조화의 기운을 번창하게 하니, 예쁜 꽃이 피고 크고 좋은 열매가 맺힐 뿐만 아니라, 그 꽃과 열매마다 아름다운 향기가 가득해졌다. '가향'이란 호가 탄생한 것이다.

隨兌宴息 必節道하니

따르고 즐겁게 하며 잔치하고 쉼을 절도 있게 하니

나는 향기가 가득한 가향이므로 항상 시의적절하게 말하고 행동한다. 나의 행동에는 조금치의 과불급도 없고, 또 때에 맞지 않는 행동도 없는 것이다. 때에 따라 남의 의견에 따르기도 하고, 내가 앞장서서 남을 즐겁게도 하며, 나의 남는 것을 주변에 베풀어도 주고, 또 편안하게 휴식도 즐긴다. 이 모두가 가향의 운치 있고 아름다운 향기가 작용해서 가능한 것이고, 또 점점 더 큰 가향이 되는 것이다.

周邊朋友 日日當이라

주변의 벗들이 날마다 마땅해지네

가향이 살리고 기르는 덕이 있어서 주변을 조화롭게 하면서 아름다운 향기가 나게 하며, 때로는 상대의 의견을 따라 나를 맡기기도 하고, 주변을 화합시키며 베풀기도 하며, 모든 일을 절도 있게 잘 처리해 나간다. 그러므로 내 주변의 사람들은 모두 나를 좋아하며 닮아가서, 점점 더 천성을 마음껏 펼치면서 자신의 행동을 원숙하게 하고 범위를 넓혀가며 행복해 하는 것이다.

金牛 小暑 乾元

신축년 소서 6월에 건원이 짓다

금우는 신축년이고, 신축년은 2021년이다. 신축년의 신이 금이고, 축이 소인 것이다. 소서(小暑)는 양기운이 성해서 한창 더울 때이다. 만물이 무성하게 자라서 아름다운 꽃을 피울 시기에 아름답고 운치 있는 향기라는 뜻의 가향을 호로 받으니, 호와 계절이 서로 잘 소통하며 일이 잘 풀리게 될 것이다.

송담 김용학

金容鶴 君子 雅號 松潭頌
김용학 군자 아호 송담송

鳴鶴子母 相容情하니
명학자모 상용정

松潭明月 合應精이라
송담명월 합응정

格物致知 自復仁하니
격물치지 자복인

德行天下 福慶定이라
덕행천하 복경정

甲辰 夬月 乾元
갑진 쾌월 건원

충북 진천 생
중등교사 퇴임
농업 종사
자서전 '멀리 보이는 것은 아름답다' 출간

金容鶴 君子 雅號 松潭頌

김용학 군자의 아호 송담을 칭송함

'소나무 송' 자에 '연못 담, 깊을 담, 물가 담' 자를 쓰니, 연못가에 소나무가 자라서 그늘이 되어주듯이, 사시사철 많은 생명을 포용해서 살리고 길러주는 호수의 곁에서, 은근히 절조 있는 뒷배경이 되어 지켜주는 사람이라는 뜻이다.

소나무는 글자 그대로 나무 중의 으뜸제후이다. '나무 목(木)' 자에 오제후(공작, 후작, 백작, 자작, 남작) 중의 으뜸인 '공작 공(公)'을 더해서 '소나무 송(松)' 자를 만든 것이다. 사시사철 푸른 것은 소나무의 절조이고, 우아하게 자라서 주변을 압도하는 자태는 소나무의 고결함이며, 껍질이 용의 비늘을 닮은 것은 소나무의 변화막측한 응용력을 뜻한다. '담'은 가뭄에도 바닥을 드러내지 않는 깊고도 조용한 호수이다. 그 안에는 많은 생명체가 살고 있고, 또 호수의 물을 먹으려고 주변의 동물과 식물들이 군집하여 산다. 소나무와 호수가 잘 어우러져서, 주변의 생명체들이 편안히 살고 행복할 수 있도록 그늘을 만들어주고 휴식처를 만들어주는 것이다. 나는 그들의 지킴이이고 휴식처이며, 더욱더 편안하고 행복할 수 있도록 노력하는 사람이다.

鳴鶴子母 相容情하니

어미학과 자식학이 대화하며 서로의 정을 받아들이니

김용학 군자의 이름을 '명학자모 상용정'으로 풀었다. 중부괘 구이효사에 "구이는 어미학이 자식학에게 그늘이 시원하니 이리로 오라고 하니, 그 자식학이 화답하기를, 내게 좋은 벼슬이 있으니 이리로 오셔서 같이 합시다."라고 했다. 어미와 자식이 서로 좋은 것을 권하면서 응답하고 소통하며 친하게 지내는 것이다. 부모자식 같은 믿음과 사랑이 있어야 가능한 사귐이다.

松潭明月 合應精이라

송담과 밝은 달이 응원하며 정기를 합하네

송담에는 보름달이 떠서 밝게 비춰주어야 운치가 있다. 보름달은 송담을 밝게 비춰주고, 송담은 보름달의 빛을 받아서 송담 안의 생명체를 한 번 더 보듬고, 그들로 하여금 보름달을 칭송하게 한다. 보름달 빛이 은은히 비추고 송담이 화육의 역할을 다하니, 행복한 생명체들이 모여들며 삶을 즐기고, 더욱더 멋진 송담을 가꾸어나가는 것이다.

格物致知 自復仁하니

격물하고 치지해서 스스로 인을 회복하니

생명체들을 잘 기르려면, 그들의 성격과 자질을 잘 연구해서 불편이 없도록 해야 한다. 그것이 바로 대학에서 말하는 수신이고, 그 수신의 기본이 바로 '격물'이고 '치지'인 것이다. 격물치지를 해서 수신이 되면, 저절로 하늘에서 품부 받은 '인(仁)'을 회복할 수 있다.

德行天下 福慶定이라

덕으로 세상을 사는지라 복과 경사가 정해졌네

김용학 군자가 어미학과 자식학이 대화하며 서로의 정을 받아들이듯이 친친(親親)의 정을 다하고, 송담과 명월이 힘을 합하듯이 주변을 은근히 도와주며, 격물치지를 해서 하늘이 품부해 준 인을 회복한다. 그러한 삶이 바로 세상 모든 일을 덕으로 대하는 삶이고, 그러한 삶에는 저절로 복과 경사가 따르는 것이다.

甲辰 夬月 乾元

2024년 음력 3월에 건원 지음

갑진년은 2024년이고, 쾌월은 음력 3월로 양이 기세를 부리는 때이니, 앞으로 전진하며 공정한 사회를 만들 일만 남았다는 뜻이다. 천명을 알아서 수신에 힘쓰고, 주변의 뜻을 잘 배려하고 포용하며 함께 행복의 길을 찾아간다는 뜻의 '송담'이라는 호와 잘 어울리는 계절이다.

금단 김지택

金知澤 君子 雅號 金丹頌
김 지 택 군 자 아 호 금 단 송

乾以易知 坤成澤하니
건 이 이 지 곤 성 택

此所容民 圖安樂이라
차 소 용 민 도 안 락

德修日夜 煉金丹하니
덕 수 일 야 연 금 단

一天明月 照靈白이라
일 천 명 월 조 영 백

甲辰 螢月 乾元
갑 진 형 월 건 원

1958 충남 천안 동면 출생
1958년 충남 천안 동면 출생
군(육군항공, 미8군 17항공여단) 25년 복무
대구소방본부 (119구조 구급헬기 기장) 13년 봉직
현) 인생 2모작 중 (아코디언, 서각, 주역 등)

金知澤 君子 雅號 金丹頌

김지택 군자의 아호 금단을 칭송함

'중도를 걸으며 융합하는 기운 금, 황금빛 금, 쇠 금, 황금 금' 자에 '붉을 단, 단약 단, 단사 단' 자를 쓰니, 마음과 몸을 수련해서 제일 좋은 기운을 엉기게 함으로써 축적한 불로장생의 영약 기운이라는 뜻으로, 수련하고 수양해서 얻은 극히 정제된 마음과 기운으로 주변을 환하게 하고 이익 되게 하는 사람이라는 뜻이다.

방술가들은 수은과 유황을 제련해서 금단을 만들어 먹고 불로장생하고자 하지만, 둘 다 몸을 탈나게 하기 쉬운 중금속이다. 가장 좋은 금단은 내 몸에서 검은 색 물질을 내보내고 흰 물질을 채우는 것이며, 미워하는 마음을 내보내고 사랑하는 마음으로 채우는 것이며, 좋은 기운을 받아들이고 나쁜 기운을 내보내는 것이다. 이렇게 순환이 잘 되는 좋은 기운으로 금단을 만들어서, 주변 사람에게 좋은 기운을 주며 행복하게 만드는 것이다. 그러니까 먼저 나의 아집을 무너뜨려 비우게 하고, 긍정적이고 행복한 기운으로 나를 다시 채우는 것이며, 그렇게 채운 금단으로 주변 사람을 복되게 하는 것이다.

나는 나를 행복한 기운으로 가득 채워서, 주변을 빛나게 하고 아름답고 행복하게 만드는 사람이고 또 그렇게 하려고 노력하는 사람이다.

乾以易知 坤成澤하니

하늘은 쉽게 주장하고 땅은 간단하게 호수를 만드니

김지택 군자의 이름을 '건이이지 곤성택'으로 풀었다. 하늘은 쉽게 주장하며 일을 벌이고, 땅은 하늘의 주장을 간단하게 받아들인다. 낮을 주장하면 만물을 길러주고, 밤을 주장하면 만물을 감추며 보호하는 것이다. 하늘이 무엇을 주장했을까? 호수를 만들어서 만물을 기르라고 주장한 것이다. 그래서 주변과 어울리는 호수를 만들어서 만물을 포용하고 기쁘게 한 것이다.

此所容民 圖安樂이라

이곳에서 사람을 받아들이고 안락함을 도모하네

이왕 호수를 만들었으면 호수의 역할을 다 할 수 있도록 노력해야 한다. 만물이 먹고 사는 호수에서, 나는 사람들을 받아들이고 그들이 원하는 것을 주며 편안한 터전을 만들어준다. 그럼으로써 서로가 서로를 돕고 행복하게 만드는 안락한 곳으로 발전시키는 것이다.

德修日夜 煉金丹하니

밤낮으로 덕을 닦아서 금단을 단련하니

날마다 덕을 갈고 닦았다. 어떻게 하면 나의 성품을 올바르게 발현시키고, 어떻게 하면 주변 사람들에게 더 많은 행복을 줄 것인가? 그런 좋은 마음이 나를 깨끗하게 만들고, 나의 금단을 더욱 단단하고 빛이 나게 만드는 것이다.

一天明月 照靈白이라

보름 달 뜨는 날에 신령스런 밝음을 비추네

드디어 나의 마음속 깊은 곳에서 잠자고 있던 밝고 큰 보름달이 떠올랐다. 나의 몸 구석구석을 비춰주는 환하고 아름다운 달이다. 둥근 달이 떠서 나의 영대를 비춰주고, 영대 중에서도 법신이 나올 수 있도록 정수리를 환하게 비추며 안내하는 것이다. 김지택 군자가 사람들이 안락하게 살 수 있도록 노력하고, 그 근본이 바로 나의 마음을 닦아 훌륭한 금단을 단련시키는 것이라는 것을 알아서 밤낮으로 수양한다. 그 결과로 마음의 달이 떠서 나를 비춰주며 인도하는 것이다.

甲辰 螢月 乾元

2024년 음력 6월에 건원 지음

갑진년은 2024년이고, 형월은 음력 6월로 반딧불이가 빛을 밝히기 시작한다고 해서 붙은 이름이다. 주역의 괘로는 천산돈괘에 해당하므로, 음이 두 개나 자라 올라와서 양이 서서히 물러날 준비를 하는 때이다. 이럴 때에 나의 마음을 새로이 고치며 아름답게 가꾼다는 '금단'이라는 호를 얻었으니, 계절과 어울려 좋은 결실을 이룰 것이다.

덕천 김철규

金喆奎 君子 雅號 德泉頌
김 철 규 군 자 아 호 덕 천 송

揚于王庭 施甘雨하니
양 우 왕 정 시 감 우

后土和應 德泉祐라
후 토 화 응 덕 천 우

奎光殷殷 中心喆하니
규 광 은 은 중 심 철

日日冽流 潤桂樹라
일 일 렬 류 윤 계 수

庚子 立春 乾元
경 자 입 춘 건 원

1956년 충북 옥천 출생
충남대 공대 화공과, 학-석-박사
영국 Surrey대학, 박사(환경)
전) 국립한밭대학교, 교수, 기획홍보처장
전) 한국환경에너지공학회 회장

金喆奎 君子 雅號 德泉頌

김철규 군자의 아호 덕천을 칭송함

'큰 덕, 샘 천'이니 덕이 많은 샘물이다. 샘물은 사람은 물론이고 초목과 동물이 즐겨 먹는 물이다. 항상 마르지 않고 깨끗하면 더 이상 좋을 수가 없다. 그러니 물이 많고 깨끗한 샘이 덕이 많은 것이다. 나는 많지는 않지만 내게 오는 사람에게 내 것을 나눠줄 만큼은 있으며, 항상 그런 여유가 있다.

맹자께서 "근원이 있는 샘물이 용솟음쳐서 밤낮을 그치지 않아서 구덩이를 채운 뒤에 나아가 사해에 이르니, 근원이 있는 것이 이와 같기 때문에 공자께서 물의 흐름을 높이 사신 것이다. 진실로 근원이 없다면 칠팔월에 비가 한꺼번에 모여 개천과 도랑이 모두 가득차지만, 그것이 마르는 것을 서서 기다릴 수 있다. 따라서 명성이 실상보다 지나친 것을 군자는 부끄러워하는 것이다."고 했으니, 덕천은 그 근원에 해당하는 것이다. 나는 아무리 가뭄이 들거나 겨울이 되어도 마르지 않고 얼지 않는 샘이다.

揚于王庭 施甘雨하니

왕의 뜰에 드날려서 감로수가 베풀어지니

소인이 못된 짓을 하며 잘못을 인정하지 않을 때에, 모든 사람에게 '정의는 이런 것이다'하고 공개적으로 알리고, 갈 길 몰라 헤매는 사람에게 바른 길을 가르쳐주는 것이 '양우왕정'이다. 모든 사람이 "아! 그렇구나!"하고 잘잘못을 알고 자기 갈 길을 알게 되니, 그 상으로 재물이 되고 영약이 되는 단비를 받게 된다.

도리천에 있는 달콤하고 신령스런 액체가 감로수이다. 이 액체는 한 방울만 마셔도 온갖 괴로움이 사라지고, 살아 있는 사람은 오래 살 수 있고 죽은 이도 부활하는 신령스런 물이다.

后土和應 德泉祐라

토지신이 화응해서 덕천을 만들어 돕네

내가 불의한 것을 싫어하며 지혜롭게 살아가니, 토지신도 그에 부응하고자 감로수를 저장하고 길렀다가 필요한 사람에게 나눠주는 덕천을 만들어 돕는다. '양우왕정'해서 얻은 감로수를 다른 사람에게도 나눠주며 선을 베푸는 것이다. 공정하게 살다보니 어느새 덕천이 만들어졌고, 어떻게 보면 덕천은 나의 뜻과 행동을 지지해주는 사람에 의해서 만들어진 훌륭한 샘이다.

奎光般般 中心喆하니

규수의 별빛 성대해서 중심이 밝으니

하늘에는 규수가 있어서 현명한 사람을 배출한다. 규수가 밝게 빛나니, 내 마음도 명철해진다. 규수에 오성이 취합한 송나라 초기에 주렴계, 소강절, 정자 형제, 주자 등 현인이 태어나 세상을 밝힌 것은 너무도 유명하다. 우리나라에서도 규장각(奎章閣)을 만들어 선왕의 덕을 기리고 선비를 키웠다. 하늘에서 밝게 비춰주니 덕천이 밝음까지 얻게 되었다. 저절로 내 마음 속부터 우러나오는 밝은 지혜가 생기니, 김철규 군자의 이름이 '규광은은 중심철'로 새로이 태어났다.

日日冽流 潤桂樹라

날마다 맛있는 물 흘러서 자손들이 윤택하네

덕천에 규수의 밝음까지 더했으니, 날마다 덕천에서 지혜롭고 맑은 물이 흘러나오게 되었다. 맑은 샘물이라도 고이면 안 된다. 떠먹기도 하고 흘려보내기도 해야 한다. 나만 그 물을 마시는 것이 아니라, 주위 사람들도 마시고 무엇보다도 자손들까지 윤택하게 되었다.

庚子 立春 乾元

경자년 입춘에 건원이 짓다

입춘은 새해가 들어서는 날이고, 새로이 봄을 맞이하는 소명절(小名節)이다. 이날 호를 받게 되니 새로이 봄날 같은 인생을 살게 될 것이다.

태정 김태곤

金泰坤 君子 雅號 泰井頌
김 태 곤 군 자 아 호 태 정 송

乾坤一轉 生泰井하니
건 곤 일 전 생 태 정

日月琢磨 成水精이라
일 월 탁 마 성 수 정

允升虛邑 養萬物하니
윤 승 허 읍 양 만 물

嚮用五福 子孫榮이라
향 용 오 복 자 손 영

黃豕 驚蟄 乾元
황 시 경 칩 건 원

경남 창녕 출생.
한국농촌경제연구원에서 30여년간 근무.
퇴직이후 농촌활성화현장 네트워크 등에서 활동을 계속하면서 주역 공부를 함께 하고 있음.
주역을 배우면서 일상 无不爲하도록 노력하되 无思无爲 寂然不動의 경지를 향해 나아가고 있음.
주역의 좋아하는 구절은 "易은 无思也하며 无爲也하야 寂然不動이라가 感而遂通天下之故하나니 非天下之至神이면 其孰能與於此리오" (계사상전 제10장).

金泰坤 君子 雅號 泰井頌

김태곤 군자의 아호 태정을 칭송함

'클 태, 넉넉할 태, 편안할 태, 자유로울 태, 태괘 태'에 '우물 정, 정전법 정'이니, 편안하고 넉넉하며 자유롭고도 큰 우물이라는 뜻이다. 또 '태괘의 우물'이라고 하면, 위와 아래가 소통이 잘 되고, 우물물과 사람들이 소통이 잘 되는 우물이다. 지천태괘가 그렇다. 본래 아래에 있어야 할 땅이 위에 있고 위에 있어야 할 하늘은 아래에 있는 괘이다. 하늘이 반드시 위에만 있겠다는 마음을 비우고, 만물을 생해서 기르겠다는 한 가지 목적을 위해 땅과 화합을 한다. '태정' 역시 하늘과 땅의 안배로 태어났다. 우물도 아주 크고 물도 차고 맑다. 더구나 우물이 커서 만물을 먹여 기르는 데 충분하다. 나는 그런 우물이고, 동시에 그런 크고 맑으며 넉넉한 마음을 목표로 사는 사람이다.

乾坤一轉 生泰井하니

하늘과 땅이 뜻을 모아 큰 연못을 생하니

하늘과 땅이 자신의 위치를 바꾸어야 태가 된다. 서로의 입장이 되어보고 역할을 바꿔보아야 상대를 완전히 이해해서 한마음 한뜻이 되고, 그래야만 만물을 낳고 기를 수 있다는 뜻이다. 태정은 지천태괘를 이룬 우물이다. 내가 반드시 높아야 하고, 앞장서야 하며, 모든 공을 세워야 한다는 마음을 비운 우물이다. 하늘과 땅도 자리를 바꿨는데, 하물며 그 안에서 사는 사람의 마음이 고집을 피울 수 있겠는가? 그런 마음을 얻고 실천하기 때문에 '태정'이라는 큰 호칭이 생긴 것이다. 이 구절은 김태곤 군자의 이름인 '태곤'을 풀이한 것이고, 동시에 '태정'이란 호가 나온 이유를 밝혔다.

日月琢磨 成水精이라

해와 달이 갈고 닦아 정미로운 물을 이루네

우물만 커서 될 일이 아니다. 그 안에 있는 물이 차고 맑아야 된다. 건곤이 만든 우물이니, 해와 달이 비춰주어야 한다. 해와 달이 서로 교대해가며 비춰주어서 오랜 세월을 갈고 닦으니, 물 중에서 최고로 맑고 좋은 수정을 이루었다. 이제 크고도 맑은 우물물이 된 것이다. '수정'은 정기신(精氣神)이 하나가 되어 몸을 수련시키는 정수의 다른 이름이기도 하다.

允升虛邑 養萬物하니

믿음 있게 마음을 비우고 만물을 길러주니

'윤승 허읍'은 주역 승괘(升卦) 초효와 삼효의 말로, '허읍'은 마음을 비웠다는 뜻이고, '윤승'은 높은 이상과 지위를 향하여 믿고 올라간다는 뜻이다. 큰 우물에 맑고 시원한 물이 가득 찼다. 아무리 좋은 것이 많아도 베풀지 않으면 그만 썩고 만다. "우물물은 자꾸 떠서 마셔야 더욱 맑고 시원한 물이 된다." 이러한 간단한 진리를 믿고, 오랜 세월 힘들게 만든 우물물을 아무 조건 없이 나누어 주는 것이다. 나의 경험과 능력, 재물을 아낌없이 주변에 나누어 주며 사람들을 길러 주는 것이다.

嚮用五福 子孫榮이라

오복을 누리며 자손이 번영하네

'향용오복'은 『서경』「홍범」에 나오는 말이다. 또 오복은 수명, 부유함, 편안함, 덕을 좋아함, 명대로 죽으면서 자손에게 유언하는 것이다. 김태곤 군자가 태정의 역할을 잘 수행하니, 인간의 최고 행복인 오복을 다 누리고, 나아가 자손에게까지 그 복이 전해지는 것이다.

黃豕 驚蟄 乾元

기해년 경칩에 건원

황시는 기해년 즉 2019년이고, 경칩은 만물이 봄을 맞아서 기지개를 켜며 활동한다는 좋은 절기이다.

금원 김영숙

金瑩淑 淑女 雅號 錦園頌
김 영 숙 숙 녀 아 호 금 원 송

天作錦園 括囊地러니
천 작 금 원 괄 낭 지

一興春風 肅肅起라
일 흥 춘 풍 숙 숙 기

淑瑩膏雨 草木潤하니
숙 영 고 우 초 목 윤

萬實連花 滿香美라
만 실 연 화 만 향 미

甲辰 姤月 乾元
갑 진 구 월 건 원

1961년생
진천읍 거주

金瑩淑 淑女 雅號 錦園頌

김영숙 숙녀의 아호 금원을 칭송함

'비단 금, 아름다울 금' 자에 '동산 원, 정원 원' 자를 쓰니, 비단같이 아름다운 동산 같은 사람 또는 비단같이 아름다운 동산을 만드는 사람이다. 아름답고 향기 나는 꽃과 나무 같은 사람, 온갖 보물이 되어 동산을 빛내줄 사람, 착하고 지혜로워서 주변을 훈훈하게 할 사람 등등을 초청해서 북돋아주고 기르는 사람이라는 뜻이다.

나는 나의 주변을 금원으로 만들어서, 화초와 동물 수석 바위 등으로 잘 꾸밀 것이다. 그 중에는 잘난 사람도 있고 못난 사람도 있다. 그들이 어울려서 금원이 되는 것이다. 그들이 어울려 금원이 될 수 있도록 잘 조율하고 감싸주며 북돋아 줄 것이다. 나는 나 자체도 금원이고 내 주변도 금원이며, 나의 미래도 금원으로 만들어서 아름다운 인생을 살 것이다.

天作錦園 括囊地러니

하늘이 괄낭의 땅에 금원을 만들더니

하늘이 아름다운 놀이정원 금원을 만들었다. 그런데 하필이면 괄낭의 땅에 만든 것이다. '괄낭의 땅'은 무엇인가? '괄낭'은 '주머니 낭' 자에 '맬 괄' 자를 쓴다. 주머니 입구를 꽉 잡아맨다는 뜻이다. 그러므로 '괄낭의 땅'은 누구도 볼 수 없고 느낄 수 없는 땅이다. 그런데 그 안에 금원이 될, 아니 금원이 된 아름다움이 자라고 있는 것이다.

一興春風 肅肅起라

봄바람 한번 불음에 쑥쑥쑥 자라나네

괄낭의 땅에도 봄바람은 불어온다. 겨울 내내 꽁꽁 숨어 있던 초목의 씨앗이 봄바람을 맞아 쑥쑥 자라 올라오는 것이다. 이 세상 어떤 것도 사계절의 변화를 모르는 척 할 수 없다. 찬바람이 쌩쌩 불다가도 봄이 오면 달라지는 것이다. 금원도 봄을 맞아 발아하는 싹으로 뒤덮인 것이다.

淑瑩膏雨 草木潤하니

맑고 고운 기름진 비 초목을 윤택하게 하니

김영숙 숙녀의 이름을 '숙영고우 초목윤'으로 풀었다. '고우'는 만물을 먹여 살리는 좋은 비이다. 비에 무슨 좋고 나쁜 게 있겠는가? 내가 필요할 때 내리면 좋은 비이고, 원하지 않을 때 내리면 나쁜 비일 뿐이다. 누구나 원할 때 내리는 비이고, 더구나 필요한 양만큼 오는 그런 비이다. '맑고 곱다'는 것은 필요한 양만큼 필요한 때에 온다는 뜻이다. 그런 비를 맞으니, 금원에서 자라는 모든 초목 동물이 윤이 나는 것이다.

萬實連花 滿香美라

수많은 열매와 흐드러진 꽃들이 아름다운 향기를 채우네

금원에는 갖가지 과실이 열리고 수많은 꽃이 서로의 아름다움을 자랑하며 연이어 핀다. 각자 자기가 더 아름답고 향기가 나는 맛있는 과실이라고 내앞에 와서 자랑을 하는 것이다. 꽃과 열매에서 나오는 향기에 정신이 몽롱할 정도이다. 나만 그런게 아니라 여기에 참여한 모두가 취해서 금원을 만끽한다. 나는 금원을 가꾸며, 흐드러지게 많은 결실을 칭찬하고 조율하며, “아! 세상은 아름답구나!”하며 만족하게 된 것이다.

甲辰 姤月 乾元

2024년 음력 5월에 건원 지음

갑진년은 2024년이고, 구월은 음력 5월로 밖에는 양이 극성하게 기세를 부리지만, 속으로는 음의 씨앗이 자라나 음의 세상을 만들 것을 계획하는 때이다. 양으로 커지기만 해서는 결실이 이루어지지 않는다. 음으로 자신의 기운을 모아야 좋은 결실을 얻을 수 있는 것이다. 나와 주변을 잘 가꾸어서 모두를 행복하게 해준다는 뜻의 ‘금원’이라는 호와 잘 어울리는 계절이다.

博學而篤志
切問而近思
仁在其中矣
敬淵 金瑩洙

관중 남윤현

南允鉉 君子 雅號 觀中頌
남 윤 현 군 자 아 호 관 중 송

盥而不薦 有孚顒하니
관 이 불 천 유 부 옹

上帝允許 鉉台翁이라
상 제 윤 허 현 태 옹

觀中美在 暢四支하니
관 중 미 재 창 사 지

能以衆正 可以宗하리라
능 이 중 정 가 이 종

黃豕 淸明 乾元
황 시 청 명 건 원

무술 · 태극권 공인 8단경기도 우슈(武術)협회 상임부회장겸전무이사 30년 역임
경기도청, 수원시청 우슈(武術) 감독 역임
대한우슈(武術)협회 상임부회장 역임
대한체육회 생활체육위원 역임
대한민국 초대 무술 · 태극권 국제심판 역임 (일본 히로시마아시안게임, 부산아시안게임, 각종 국제대회 국제심판)
영주시 아시아국제청소년대회 유치 조직 위원회 위원 역임 / 저서 태극권교학 출간

南允鉉 君子 雅號 觀中頌

남윤현 군자의 아호 관중을 칭송함

‘볼 관, 살필 관, 나타낼 관’ 자에 ‘가운데 중, 마음 중, 적중할 중’ 자이니, ‘내 마음을 잘 관찰해서 본다, 적중하는 것을 살펴본다, 마음을 다스리고 마음을 쓰는 것을 관찰한다.’는 뜻이다. 나는 내 마음을 잘 살피고 관찰해서 치우치지 않고, 어떤 상황에서도 잘 적중시킨다. 어떻게 마음을 관찰하는가? 내 마음도 세상의 만물중의 하나이니, 나는 제 3자가 되어서 살피는 것이고, 잘 살피니 마음의 희노애락 변화를 안정시켜서 다스릴 수 있으며, 안정시킬 수 있으니 어떤 일을 맡든지 간에 중용을 지키며 성공시킬 수 있다. 나는 그런 사람이고, 또 관중이 되려고 노력하는 사람이다.

盥而不薦 有孚顒하니

손을 씻고 제사 올리기 전의 마음이면 모두 믿고 존경할 것이니

주역 풍지관괘 괘사에 “觀은 盥而不薦이면 有孚하야 顒若하리라.”고 하였다. 제사를 올릴 때는 누구나 엄숙하고 정성을 다하지만, 절을 한 번 하고 나면 마음이 풀려서 잡담을 하기 시작한다. 그러니 처음 절을 하기 전의 마음을 지킨다면, 모든 사람이 그 인품을 믿고 존경한다고 한 것이다. 지금 남윤현 군자가 삶을 영위할 때 엄숙한 마음으로 진정을 다하고, 정성을 다 바쳐 일을 하니, 모두가 믿고 존경하게 되는 것이다.

上帝允許 鉉台翁이라

상제께서도 삼공의 벼슬을 내리신다네

그렇게 '관이불천'의 마음으로 세상을 대하니 하느님도 인정하고, 또 일을 성공한 것이 쌓이니 '현태'라는 높은 벼슬을 주며 신임하는 것이다. 남윤현 군자의 이름 '윤현'이 '상제윤허 현태옹'으로 보상을 받는 것이다. '현태'는 신하로서는 제일 높은 삼공 벼슬을 뜻한다.

觀中美在 暢四支하니

마음속에 아름다움을 담고 사지에 창달하는 것을 살피니

주역 곤괘 오효 문언전에 "君子 黃中通理하야 正位居體하야 美在其中而暢於四支하며 發於事業하나니 美之至也라."고 하였다. 군자가 단전에 단을 쌓아서 건강하고 지혜로워지니, 아무리 그 덕을 감추려 해도 온 몸에 다 드러나게 되고, 몸에만 드러나는 것이 아니고 어떤 사업을 해도 다 성공할 수 있게 된다는 것이다. 남윤현 군자의 호 '관중'은 '관중미재 창사지'의 뜻이니, 내 몸속에 단을 쌓고 지혜를 쌓아서 온 몸이 창달하게 되는 것을 살핀다는 '관중'이라는 것이다.

能以衆正 可以宗하리라

여러 사람을 바르게 인도한다면 일대 종사가 되리라

주역 사괘 단전에 "能以衆正하면 可以王矣리라."고 하였다. 나를 따르는 사람들을 바르게 인도한다면, 그들 모두의 왕이 될 수 있다는 것이다. 여기서는 '왕' 자를 종사(宗師)의 '종' 자로 바꾸었다. 내가 '관이불천'의 정성스런 마음으로 나를 갈고 닦아서 온몸이 다 빛나게 되고, 그 빛남으로써 사람들을 바르게 인도한다면 일대종사가 된다는 것이다. 마침 남윤현 군자가 태극권을 깊이 연구하고 평생의 업으로 삼으니, 진가태극권의 창시자의 현태옹이 되고, 한국태극권의 종사가 될 만한 것이다.

黃豖 淸明 乾元

2019년 청명일에 건원이 짓다

관지 류성현

柳成鉉 君子 雅號 觀志頌
류 성 현 군 자 아 호 관 지 송

經綸玉鉉 成功待하니
경 륜 옥 현 성 공 대

觀民得志 亨相代라
관 민 득 지 형 상 대

古鏡重磨 掃舊塵하니
고 경 중 마 소 구 진

一天明月 照靈臺라
일 천 명 월 조 영 대

癸卯 坤月 乾元
계 묘 곤 월 건 원

진천군 백곡면장
진천군 민원과장
진천군 사우보존회 회원

柳成鉉 君子 雅號 觀志頌

류성현 군자의 아호 관지를 칭송함

'볼 관, 살필 관, 관공부 할 관' 자에 '뜻 지, 마음 지, 희망 지' 자이니, 마음을 살피고, 뜻을 살피고, 희망을 살핀다. 또 이 모든 것을 온 몸으로 다 느껴 깨닫고 제 3자가 되어 나를 돌아본다는 뜻이다. 그러니까 관(觀)은 오감(五感)으로 느끼고, 마음으로 느끼며, 정성으로 보고, 심령으로 보는 것이며, 제 3자가 되어 객관적으로 보는 것이다. 또 '뜻 지'는 나의 마음이고, 동시에 세상을 같이 살아가는 사람들의 마음이다. 나는 나의 마음은 물론이고 다른 사람들의 마음을 살펴서, 그들이 원하는 것을 이루도록 해줌으로써 '관지'라는 호를 얻었다. 이제부터는 더욱더 객관적으로 사람을 보고 평가하며, 모두가 행복할 수 있는 방향으로 도우며 살 것이다.

經綸玉鉉 成功待하니

옥현을 경륜해서 성공을 기다리니

류성현 군자의 이름을 '경륜옥현 성공대'로 풀었다. '옥현(단단하면서도 부드러운 옥과 같은 솥고리)'은 솥을 여는 데 쓰는 솥뚜껑에 달린 고리이다. 솥고리가 있어야 뚜껑을 열어 정성으로 익힌 음식물을 먹을 수 있다. 앞에 '구슬 옥' 자가 있는 것은, 단단한 양에 부드러운 음의 덕성이 더해졌다는 뜻이다. 단단하면서도 부드러운 성격으로 솥고리를 맡아서 임무를 다하니, 많은 사람을 풍요롭게 하는 성공을 하고 또 성공을 기다리는 사람에게 희망을 주는 사람이 된 것이다.

觀民得志 亨相代라

백성을 살펴 뜻을 얻으니 형통함이 서로 이어지네

'민(백성)'은 나의 주변 사람이고 또 나의 몸에 붙어 있는 팔과 다리이다. 나의 주변 사람이 잘 살면 내가 잘 산 사람이고, 나의 팔다리가 건강한 기능을 다하면 나의 몸과 마음이 훌륭한 것이다. 나의 주변을 살펴서 그들이 원하는 것을 얻으며 잘 사는 것을 보니, 나도 형통하고 주변도 형통하며 끊임없이 행복한 것이다. '관지'라는 호는 '관민득지'의 뜻이다. 나를 관찰해서 원하는 것을 깨닫고, 주변 사람들을 살펴서 원하는 것을 알아서 성공하도록 돕는 것이다. '류성현'이라는 이름대로 사니 성공을 하여 '관지'라는 호를 얻게 되고, 모두가 형통하고 잘 되어서 행복해 하는 것을 보게 되는 것이다.

古鏡重磨 掃舊塵하니

옛 거울을 닦고 닦아서 오래된 먼지를 털어내니

이제 내 마음의 때를 벗길 차례이다. '고경'은 오랫동안 나의 마음을 비춰주었던 거울이다. 거울에 낀 때를 닦으면 잘 보인다. 나도 모르게 내 마음에 낀 때를 닦고 또 닦아서 무엇이든 잘 비추는 거울을 만들었다.

一天明月 照靈臺라

어느 좋은 날 밝은 달이 영대를 비춰주네

내 마음을 닦아서 밝은 거울같이 만드니 나의 영대가 환해졌다.

이제부터는 심령으로 보는 것이다. '밝은 달'은 나 안에 있는 마음의 달이다. 예전부터 있어왔지만, 느끼지 못하고 깨닫지 못했던 내 마음의 달이다. 내 마음이 밝아지자 희미했던 달이 보름달이 되어서 내 마음을 구석구석 비춰주는 것이다. 이제부터는 혼란과 갈등으로 인한 주저함이 없다. 새로운 세상이 열리고 새로운 경지의 '관지'로 다시 태어난 것이다.

癸卯 坤月 乾元

2023년 10월에 건원 지음

계묘년은 2023년이고, 곤월(음 10월)은 1년 동안 밝고 따뜻하게 운행하던 양이 사라지고 새로운 양을 잉태하는 때이다. 그래서 양월(陽月)이라고도 하는 것이다. 이때를 맞아서 나를 관조하고 주변을 관조하며 세상을 관조한다는 뜻의 '관지'를 호로 받으니, 앞날이 평탄하고 새로운 경지의 세상을 맛볼 것이다.

유관 박범인

朴範仁 君子 雅號 由觀頌
박 범 인 군 자 아 호 유 관 송

勿疑仁範 朋盍簪하니
물 의 인 범 붕 합 잠

由觀衆生 君子鑑이라
유 관 중 생 군 자 감

美在其中 暢四支하니
미 재 기 중 창 사 지

興發當年 萬民感이라
흥 발 당 년 만 민 감

金牛 穀雨 乾元
금 우 곡 우 건 원

현)금산군수
전)충청남도 농정국장
전)공정거래위원회 사무관

朴範仁 君子 雅號 由觀頌

박범인 군자의 아호 유관을 칭송함

'말미암을 유, 인연할 유' 자에 '볼 관, 살필 관' 자를 쓰니, 보고 살핀 것을 바탕으로 일을 판단하고, 사람을 판단하며, 나의 언행을 결정한다는 뜻이다. 또 나를 중심으로 해서 만물을 살핀다는 뜻도 되니, 내가 있음으로써 세상을 살필 수 있는 것이다. 관세음보살은 '觀世音' 즉 千手千眼으로 세상의 소리를 살피고 돕는다고 했으니, 훌륭한 자질을 갖추고 세상의 실정을 잘 살펴서 도움을 줄 곳에 도움을 주는 것이다. 주역의 관괘 상구효에 "상구는 그 생김새를 보되 군자면 허물이 없으리라."고 했으니, 나의 잘잘못은 내 주변을 보면 알 수 있다는 것이다. 즉 주변사람들이 잘 살고 있는 모습이야말로 내가 훌륭하게 잘 살았다는 증거이다. 나는 나 자신을 살펴서 나를 발전시킬 것이고, 주변을 살펴서 주변을 아름답게 할 것이다.

勿疑仁範 朋合簪하니

어질고 모범됨을 의심하지 않아서 벗들이 한마음 되니

박범인 군자의 이름을 풀었다. 박범인 군자가 어질고도 모범이 되는 인생을 살았다. 스스로도 그렇게 살았고, 주변에서도 그렇게 살았다고 인정한다. 그러므로 벗들이 의심하지 않고 모여드는 것이다. 여인의 머리카락이 아무리 많아도 비녀를 중심으로 모여서 단정하게 정리된다. 어질고도 모범적인 삶을 사니, 비녀에 머리카락이 모여들고 단정하게 되듯이 주변사람 모두가 모여들어 하나가 되는 것이다.

由觀衆生 君子鑑이라

사람들을 군자의 귀감으로 존경하기 때문이라네

주변사람들만 좋다고 모여드는 것이 아니다. 나 역시 그들을 반갑게 맞아들인다. 부처님 눈에는 모든 사람이 부처님으로 보인다고 했다. 내 주변에 모여드는 사람 모두 덕이 훌륭하고 능력 있는 군자로 보며, 사회의 귀감(龜鑑)이 되는 훌륭한 사람으로 대접하며 존경한다. 내가 그들을 훌륭한 사람으로 존경하며 받드니, 훌륭한 사람은 당연히 훌륭하게 하고, 설사 훌륭하지 않은 사람이라도 훌륭한 사람이 되려고 노력한다. 뿐만 아니라 내가 좋다고 모여들며 뜻을 합한다.

美在其中 暢四支하니

아름다움이 마음속에 있어서 온 몸으로 드러나니

나는 아름다운 마음이 있고 훌륭한 경륜이 있지만, 겉으로 드러내며 자랑하지 않는다. 하지만 저절로 온 몸에 드러나고, 내가 하는 사업마다 속에 간직한 마음과 경륜이 발휘되어 나타난다. 오장이 건강하면 피부가 윤이 나듯이 저절로 알려지는 것이다.

興發當年 萬民感이라

흥발하는 해에 만민이 모두 알게 되리라

'만민감'은 세상 모든 사람이 알게 된다는 것이다. 눈으로 보고, 귀로 듣고, 혀로 맛보고, 코로 냄새 맡고, 온 몸으로 느껴지는 것이다. 박범인 군자가 사람들을 공경하며 잘 대접하고, 자신도 어질게 하고 모범이 될 것을 목표로 삼았으며, 아름다운 마음과 훌륭한 경륜을 자랑하지도 않는다. 그런데도 저절로 밖으로 드러나서 알려지게 되니 자연스레 흥발하게 되는 것이다.

金牛 穀雨 乾元

신축년 곡우절기에 건원이 지음

신축년은 2021년이고, 곡우는 본격적인 농사철을 알리는 절기이다. 사람을 농사짓고 경영하려는 때에 마침 봄비가 내리고 유관이라는 호를 받으니, 모든 것이 잘 풀릴 것이다.

이순 박범재

朴範在 君子 雅號 頤順頌
박 범 재 군 자 아 호 이 순 송

兩曜循行 五星纏하고
양 요 순 행 오 성 전

石泉衍流 懷山轉이라
석 천 연 류 회 산 전

翕戶待久 名範在하니
흡 호 대 구 명 범 재

終身頤順 漸漸展이라
종 신 이 순 점 점 전

金牛 立秋 乾元
금 우 입 추 건 원

경기 부천생
전 삼성그룹근무

朴範在 君子 雅號 頤順頌

박범재 군자의 아호 이순을 칭송함

'턱 이, 기를 이' 자에 '순할 순, 순리대로 때에 맞게 따를 순' 자를 쓰니, '때에 맞게 순리대로 잘 기르는 사람'이라는 뜻이다. 모든 것이 자랄 때가 있지만, 그 자랄 때가 모두 다르다. 봄에 피는 꽃은 잎이 나기도 전에 꽃부터 피고, 가을에 피는 것은 잎새부터 촉을 틔워서 차례를 밟아가며 꽃피우고 열매 맺는다. 어떤 것이 옳고 어떤 것이 그르다고 할 수 없다. 그러므로 각자가 자라고 싶다고 할 때까지 기다렸다가 도와주어야 하는 것이다. '이순'은 그 때를 잘 알고 포착을 잘 해서 길러주는 사람이다. 또 이순(耳順)과 발음이 같아서, 무슨 말을 들어도 다 이해하고 적응하는 방법을 찾아내는 사람이기도 하다. 나는 길러줄 수 있을 때까지 인내하며 기다릴 줄 알고, 때를 놓치지 않고 주변과 잘 화합하면서 차례대로 길러주는 사람이고, 또 그렇게 되려고 노력하는 사람이다.

兩曜循行 五星纏하고

해와 달이 길따라 운행함에 오성이 따라가고

해와 달이 자기의 길을 지키며 도수에 맞춰 운행한다. 이 세상이 생겨난 뒤로 한 번도 어기지 않았고, 또 열심히 일했다고 휴가를 달라고도 하지 않는다. 해와 달이 이렇게 자강불식(自彊不息)하기 때문에, 목화토금수의 오성이 본받아서 같은 길을 따라 자강불식하는 것이다.

石泉行流 懷山轉이라

석천의 샘물이 흘러가서 산을 품고 돌아드네

돌틈 사이에서 샘물이 솟아나더니, 산길을 따라 들길을 따라 쉬지 않고 흘러내리며 큰물이 되었다. 강물이 되어서는 산을 휘감아 돌며 만물을 기른다. 그러니까 하늘에는 일월오성이 운행하고, 땅에서는 석천이 강물이 되어 만물을 기르는 데, 하루 아침 저녁의 일이 아니고 그 역사가 유구한 것이다.

翕戶待久 名範在하니

문을 닫고 때를 기다림에 명예와 모범이 따르니

'범재'라는 이름을 '흡호대구 명범재'로 풀었다. 일월오성과 석천이 오랜 세월을 노력해서 아름다운 세상을 만들어왔듯이, 나도 오랫동안 기다려서 만물을 길러줄 때를 만났으니, 잘 참고 기다렸다고 칭송하는 명예가 생기고 보고 들으며 모범으로 삼아야겠다는 마음을 모으게 된 것이다.

終身頤順 漸漸展이라

종신토록 순하게 길러주어 점점 더 크게 펼쳐지네

지금까지 '범재'라는 이름이 명예를 얻고 모범이 되어 나를 이끌었다. 이제는 '이순'이라는 호가 주도할 차례이다. 박범재 군자가 이제껏도 그랬지만, 앞으로의 인생에 있어서도 순리대로 때에 맞춰 길러주는 이순을 실천한다. 그러니 앞으로 하는 일이 점점 더 훌륭하고 크게 전개되는 것이다.

金牛 立秋 乾元

신축년 입추절기에 건원이 짓다

금우는 신축년이고, 신축년은 2021년이다. 신축년의 신이 금이고, 축이 소인 것이다. 입추(立秋)는 가을의 서늘한 기운이 자리잡는 때이다. 양기운이 극성을 부리다가도 입추가 되면 말복으로 숨으면서 만물이 여물기 시작하는 것이다. 이 때를 맞아서 만물을 순리대로 잘 길러준다는 뜻의 이순이라는 호를 받으니, 이제부터 가을의 결실을 맺어 풍성해 질 것이다.

양정 박주갑

朴疇甲 君子 雅號 養正頌
박 주 갑 군 자 아 호 양 정 송

竹山疇甲 作友軒하니
죽 산 주 갑 작 우 헌

養正及蒙 三樂連이라
양 정 급 몽 삼 락 연

愼語節食 育英才하니
신 어 절 식 육 영 재

休命當年 福自天이라
휴 명 당 년 복 자 천

甲辰 大壯月 乾元
갑 진 대 장 월 건 원

- 충청북도교육청 초등교감
- 문백초등학교(제 6대),
  오창중학교(제 14대), 총동문회장 역임
- (현)성균관유도회진천지부 문백면지회장

朴疇甲 君子 雅號 養正頌

박주갑 군자의 아호 양정을 칭송함

'기를 양' 자에 '바를 정, 바로잡을 정' 자이니, 바르게 길러주고, 또 잘못된 것을 바로 잡아서 길러준다는 뜻이다. 사람을 바로 잡는 것은, 아직 아무것도 모를 때 좋은 길로 인도하는 것이 최고이다. 그래서 공자님은 '무지몽매할 때 바르게 기르는 것이 성인(聖人)을 만드는 방법이라'고 하셨다. 천 년에 한번 나올까 말까한 성인을 기를 수 있다고 하신 것이다.

바르게 기르려면 우선 내가 바른 사람이 되어야 하는데, 이괘(頤卦)에서는 음식을 절제하고 언어를 절제하여야 바른 사람이 된다고 하였다. 내가 바른 사람이 된 뒤에는 다른 사람을 잘 파악하여서 그 결에 맞게 가르쳐야 바르게 된다. 그래서 공자님은 사람에 따라서 각기 다른 방법으로 맞춤형 교육을 하셨다. 나는 나를 바르게 길렀고, 주변을 바르게 길러주는 것을 목표로 삼아서 평생을 실천한 사람이며, 앞으로도 변치 않고 실천해 나갈 것을 약속한 사람이다.

竹山疇甲 作友軒하니

죽산의 제일 좋은 밭가에 우헌을 만드니

대나무가 산처럼 많이 자라는 죽산의 평야 중에 제일 좋은 터를 잡아서 우헌을 만들었다. 공자님이 "세 가지 유익한 벗이 있고, 세 가지 손해되는 벗이 있다. 곧은 이를 벗하며, 성실한 이를 벗하며, 보고 들은 것이 많은 이를 벗하면 유익하고, 편벽된 이를 벗하며, 유순하기만 한 이를 벗하며, 말만 잘하는 이를 벗하면

손해된다."고 하신 '익우(益友)'의 '우' 자에 '처마 높은 집 헌' 자를 썼으니, 좋은 벗이 많이 찾아오는 멋진 집이 '우헌'이다. 박주갑 군자의 이름이 '죽산의 제일 좋은 집터'가 되었다. 여기에 성실하게 삶으로써 '우헌'을 지으니, 죽산박씨의 명예를 드날릴 멋진 집이 된 것이다.

養正及蒙 三樂連이라

어린 학생까지 양정하여 3락이 이어지네

맹자가 " 군자에게는 세 가지 즐거움이 있다. 부모가 다 계시며 형제가 잘못됨이 없는 것이 첫 번째 즐거움이고, 우러러서는 하늘에 부끄럽지 아니하며, 구부려 보아서는 남에게 부끄럽지 않은 것이 두 번째의 즐거움이고, 천하의 영재를 얻어서 교육하는 것이 세 번째 즐거움이다."라고 했으니, 3락은 군자의 즐거움이다. '우헌'을 짓고 몽매한 사람까지 바르게 기르니, 군자의 세 가지 즐거움이 끊이질 않는 것이다. 박주갑 군자의 양정이라는 호를 받아서 씀으로써, 주변의 모든 사람을 잘 길러주어서 영원히 3락을 이어지게 하는 것이다.

愼語節食 育英才하니

말을 조심하고 음식을 절제해서 영재를 기르니

입(口)은 즐거움도 불러오지만 재앙도 불러온다. 그래서 입단속을 하는 게 교육의 첫 번째 단계이자 모든 것이다. 입단속을 잘하면 수신(修身)이 된다. 내가 어른인데도 말과 행동을 절제 있게 하며 수신하는 것을 보고, 주변 사람들이 감복하며 깨우쳐서 저절로 영재가 되는 것이다. 이전에는 교육현장에서 가르쳤다면, 이제부터는 나의 삶 자체가 교육이 되는 것이다.

休命當年 福自天이라

아름다운 천명이 내리는 해에 하늘로부터 복이 오리라

70평생을 잘 살아서 저절로 '우헌'이 만들어지고, 나를 비롯한 주변의 모든 사람을 잘 인도하니 군자의 3락이 끊이지 않고, 그러면서도 항상 수신(修身)을 함으로써 나의 행실을 보고배운 영재가 길러지니, 하늘이 복을 주지 않을 수 있겠는가!

甲辰 大壯月 乾元

2024년 음력 2월에 건원 지음

갑진년은 2024년이고, 대장월은 음력 2월로 양이 기세를 부리는 때이니, 앞으로 전진하며 공정한 사회를 만들 일만 남았다는 뜻이다. 나와 주변을 바르게 인도하며 길러주는 박주갑 군자와 잘 어울리는 계절이다.

순우 박흥순

朴興淳 淑女 雅號 淳祐頌
박 흥 순 숙 녀 아 호 순 우 송

鷄鳴開闢 作高堂하니
계 명 개 벽 작 고 당

日興淳祐 棟隆壯이라
일 흥 순 우 동 융 장

自昭明德 日日新하니
자 소 명 덕 일 일 신

晉發當年 福自邦이라
진 발 당 년 복 자 방

金牛 泰月 乾元
금 우 태 월 건 원

-(전)진천여성의용소방대장
-(현)민주평화통일자문위원
-(현)생활개선회 부회장
-(현)이상설기념관 근무중

朴興淳 淑女 雅號 淳祐頌

박흥순 숙녀 아호 순우를 칭송함

'순박할 순, 도타울 순, 흠뻑 적을 순' 자에 '도울 우' 자를 쓰니, 순박하게 흠뻑 젖도록 아주 도탑게 돕는다는 뜻이다. 사람은 서로 돕고 산다. 인간(人間)이라는 말도 사람과 사람사이의 관계가 중요하다는 뜻이다. 서로 간에 좋은 소통을 하며 살면 그 사회가 잘 되는 것이다. 남을 돕는 것처럼 보이지만 실은 자신을 돕는 것이다. 내가 잘 살면 사회가 잘 되고, 사회가 잘 되는 것이 내가 잘 사는 길이기 때문이다. 그래서 대학에 "내가 잘 되면 집안이 잘 되고, 집안이 잘 되면 나라가 잘 되고, 나라가 잘 되면 온 세상이 다 잘된다."고 한 것이다. 더구나 마음에 맞는 사람을 돕고 사는 것은 행복한 일이다. 나는 나를 돕고 남을 도우며, 내가 발전하고 남이 발전하는 것을 행복으로 알고 살 것이다.

鷄鳴開闢 作高堂하니

닭이 울어 날이 밝음에 높은 집을 지으니

닭이 울면 날이 밝아진다. 닭이 울어 날이 밝아지는 것이 아니라, 날이 밝아질 기미를 보고 닭이 우는 것이다. '개벽'은 하늘이 열리고 땅이 열리는 것이다. 날이 밝아지면 세상이 깨어난다. 그렇지만 그 세상도 내가 깨어있지 않으면 깨어난 것을 모른다. 박흥순 숙녀가 태어나자 닭이 울었다. 세상이 깨어난 의미가 생긴 것이다. 세상이 깨어서 움직일 때 나는 높고 큰 집 '고당'을 지었다. 고당은 나의 꿈을 담은 높고도 큰 집이고, 내가 태어나고 사는 목적이다.

日興淳祐 棟隆壯이라

날마다 순박하게 도와 기둥 높아져 웅장하네

여기서 박흥순 숙녀의 이름을 '일흥순우 동융장'으로 풀었다. '순우'는 송나라 황제 이종의 연호이기도 하다. 그 12년 동안 송나라가 안정되고 부강하였다. 도우려면 순박하게 도와야 한다. 이해타산을 계산하며 돕는 것은 오래가지 못한다. 나의 마음을 다해 정성껏 돕고, 그 사람이 잘 되기를 참 마음으로 빌어야 한다. '동융'은 기둥이 높아지는 것이다. 기둥이 높아져서 집이 웅장해졌다. 나의 꿈이 웅장해진 것이고, 내가 돕는 사람의 명예와 부유함이 웅장해진 것이다.

自昭明德 日日新하니

스스로 명덕을 밝혀서 날마다 새롭게 변하니

명덕은 태어나면서부터 갖고 있는 인간을 존엄하게 만드는 덕이다. 사사로운 욕심이 없어서 가장 자연에 가깝고, 나와 남을 구별하지 않아서 모든 사람을 화합시키는 덕이다. 그러한 명덕을 밝혀서 나를 환하게 만드는 것이다. 은나라를 세운 탕임금이 세숫대야에 "하루 새롭게 나를 발전시키고, 또 하루 발전시켜서 나날이 새로운 사람이 되겠다."고 써서는 매일 스스로를 일깨웠듯이, 날마다 나의 마음을 깨끗이 닦고 날마다 발전한다. '자소명덕'은 주역에 나오는 말이고, '일일신'은 서경에 나오는 말이다.

晉發當年 福自邦이라

전진하며 발달하는 해에 나라로부터 복이 오리라

해가 뜨면 만물이 눈을 뜬다. 나는 나와 다른 사람들을 도우며 나의 명덕을 높이다가, 해가 뜨는 좋은 때를 맞은 것이다. 주변의 모두를 밝고 행복하게 만들므로, 나라사람 모두가 나에게 복을 주고 행복하게 되기를 비는 것이다.

金牛 泰月 乾元

신축년 정월 건원이 지음

금우는 신축년이고, 신축년은 2021년이다. 신축년의 신이 금이고, 축이 소인 것이다. 양기운이 통태해지는 달이라고 해서 정월을 태월이라고 한다. 황금소가 통태해지는 태월에, 나를 돕고 남을 순박하게 돕는다는 뜻의 순우라는 호를 받으니, 뜻이 이루어지고 일이 잘 풀리게 될 것이다.

위오 손만진

孫萬鎭 君子 雅號 爲吾頌
손 만 진 군 자 아 호 위 오 송

日光祐天 春色到하니
일 광 우 천 춘 색 도

大聖醉顔 如仙桃라
대 성 취 안 여 선 도

千年大木 求良匠하고
천 년 대 목 구 양 장

萬事同鎭 在爲吾라
만 사 동 진 재 위 오

戊戌 夬月 乾元
무 술 쾌 월 건 원

홍대 미대 졸업.
설치 미술가.

대유학당 종합 안내
(2025년 11월~)

- **블로그** : http://blog.naver.com/daeyoudang
- **유튜브** : youtube.com/@daeyoudang
- **카카오톡 채널** : '대유학당'을 검색해서 친구 추가해 주세요. 다양한 혜택이 쏟아집니다.
- **프로그램 자료실(웹하드)** : www.webhard.co.kr 아이디 : daeyoudang 패스워드 : 9966699
- **교육상담 문의** 02-2249-5630 010-9727-5630
- 입금계좌 **국민은행 805901-04-370471**
  예금주 (주)대유학당
- 대유학당 도서구매
  www.daeyou.or.kr 10% 할인 + 3% 적립
- **대유학당 후원회원 모집**
  1년 회비 100,000원 4가지 회원특전
  ❶ 개인운세력 / ❷ 도서할인 20%
  ❸ 프로그램할인 20% / ❹ 수강료 할인 20%

강의안내

요일	월(주역)	화(주역/기문)	수(현공풍수)	목(자미/기문)	금(자미/육임)	토(타로)
강좌명 시간	스토리주역 10:30~11:30				자미실전 11:00~1:00	컬러/차크라 11:00~2:00
강좌명 시간		주역원전 2:00~4:00	현공풍수 2:00~4:00	자미전서반 2:00~4:00		
강좌명 시간		홍국기문 5:00~7:00		기문창업실전 4:30~6:30	실전육효 4:00~6:00	

2020년 4월 이후 강의를 모두 영상으로 보실 수 있습니다. 대면 수업이 어려운 분들께 추천합니다. 시간과 장소에 구애 받지 않고 어디서나 반복해서 들을 수 있으므로 효과적으로 공부할 수 있습니다. (육효/ 북파자미/ 성명학/ 주역점법/ 육임기초)

수강료는 오프라인 수업과 동일합니다. 현재 진행중인 강의는 현장수업에 참여하셔도 됩니다.

점

- **팔괘카드 세트** 22,000원(구성:카드 8장+설명서+나전케이스)
- **설시용 서죽** 8,000원(구성:50개+2)
- **주사위 세트** 5,000원(구성:팔면 주사위 2+육면 주사위 1)
- **척전 동전** 10,000원(구성:동전 3개)

누구나

찾아오는길

서울시 성동구 아차산로17길 48, SK V1 센터 1동 814호 (우 04799)

- 화양사거리에서 영동대교로 가는 방향 우측에 있습니다.
- 2호선 성수역 → 4번 출구로 나와 성동 10번 탑승 → 4 정거장 후 성수대우 프레시아 아파트 하차 / 7호선 어린이대공원역 4번 출구 하차
- 버스는 302, 3220, 3217, 2222번을 타고 화양사거리 하차.

동양천문

누구나

▸세종대왕이 만난 **우리별자리** ①~③ 각권 256쪽 12,000원

▸2021 **천문류초**(天文類抄) 30,0000원

▸**천상열차분야지도 그 비밀을 밝히다** 25,000원

▸**태을천문도**(총9종세트) 100,000원

[우리별자리] 동양천문을 이야기로 해설한 책.
[천문류초] 세종대왕의 명을 받아 천문학자 이순지가 간행한 천문학의 개략서. 원문과 더불어 자세한 번역을 하고 주석을 달아 알기 쉽게 재편집. 문화관광부에서 우수학술도서로 선정한 책.
[천상열차] 1467개의 붙박이별에, 10간의 태양, 12지의 달이 떠있고, 그 밑에서 인간이 길흉화복을 나누며 산다. 비석으로 세워놓기 위한 것이 아니라 탁본을 뜨기 위해 땅 속에 보관.
[태을천문도] 천상열차분야지도, 태을천문도, 28수를 우리나라에 배당한 지도, 휴대용 동서양 비교천문도, **28수 나경 2종**, 태을천문도 한글판, 해설서로 구성. 휴대하기 좋게 만든 천문도 통이 보태져서, 주변 분들에게 좋은 선물.

족자

누구나

천문	① 천상열자분야지도 / ② 태을천문도(블랙베리/라일락)
불교	① 42수 진언(그린/레드) / ② 신묘장구 대다라니(그린/레드)
블라인드	① 대(150×230) 300,000원 / ② 중(120×180) 250,000원
족자	① 중(65×150) 150,000원 / ② 소(54×130) 120,000원 가정용

천문족자를 구매하시면 『천문도해설』을, 불교족자를 구매하시면 『마음에 평안을 주는 천수경』을 드립니다.

주역점운세

▸**팔자의 시크릿**
• 15×23㎝ 본문 2도 / 336쪽 16,000원 / 윤상철 지음 / 23년 1월 2쇄

2021년 신간 운명을 고치고자 하는 사람을 돕기 위해 만든 책. 전체 힘에서 2% 정도 모자란다면! 이 책에는 약간의 방향을 바꾸고 뒷받침이 되는 '2% 도움이 되는 방법'을 모아 놓았다.

누구나

▸**개인운세력**
• 19×26㎝ 본문 4도 / 주문 당월 포함 총 13개월치 30,000원 / 윤상철

개인운세력은 **하락리수를 바탕**으로 하여 각자의 사주에 맞게 인쇄된 운세력입니다. 항상 곁에 두고 살펴, 길한 날은 적극적으로 살고, 흉한 날은 조심한다면 웃을 일이 많아질 것입니다. 운세의 자세한 설명은 『주역점비결』 참조하세요.

누구나

사서

▸**집주완역 대학/ 중용**
• 16×23㎝ 양장 본문2도 / 대학/494쪽 25,000원
중용/상 528쪽 25,000원
하 496쪽 25,000원 / 김수길 譯 / 19년 10월 개정

국내 최초로 주자장구는 물론 주자문인들의 소주까지 현토완역하고, 備旨와 퇴계 율곡 등의 주석 역시 현토완역 하였다. 인용선유성씨들의 약력을 부록에 넣었다.
이 한 권의 책으로 大유학자 50여 명의 해설을 모두 볼 수 있음.

중급

전문가용 프로그램 - 하락리수, 자미두수, 육임

▶ 전문가용 하락리수 프로그램

- 가격 550,000원 / 총괄 : 윤상철
- 구성 : 설치 USB, USB락, 프로그램 메뉴얼.

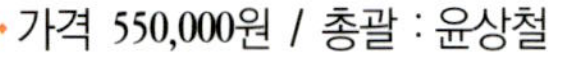

생년월일시를 입력하면 사주 간지와 선천운 후천운을 즉시 확인함은 물론 12조건에 따른 길흉을 클릭만으로 알 수 있습니다. 또 평생운·대상운·년운·월운·일운을 볼 수 있고, 참평결과 주역점, 궁합점수 등 종합 주역운세풀이입니다.

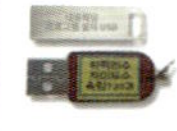

▶ 전문가용 자미두수 프로그램

- 가격 500,000원 / 총괄 : 김재윤
- 구성 : 설치 USB, USB락, 프로그램 메뉴얼.

번들용과 다른 다양한 기능. 별에 대한 자세한 설명을 pdf로 볼 수 있으며, 삭망일 균시차 인명저장 별의 강약 사화를 조정할 수 있는 옵션. 기문과 육효 명리의 기본포국 제공. 윈도우 10, 11버전 사용 가능

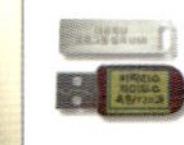

▶ 전문가용 육임 프로그램

- 가격 150,000원 / 총괄 : 윤상철
- 구성 : 설치 USB, USB락, 프로그램 메뉴얼.

삼전조식된 육임식반과 더불어 9종 10과체에 대한 간단한 설명. 720과에 대해 총운 공명 가정 행인 투자 등 각 25개 항목으로 나누어 육임점의 길흉이 단답형으로 설명되어 있습니다. 인쇄, 저장 가능

[하락리수 2.015 버전업 특징]

첫째, 윈도우 64비트 지원으로, 윈도우즈 관계없이 사용 가능합니다.
둘째, 일일운세 강화입니다.
셋째, 후후천의 운세를 첨가하였습니다.
넷째, 개인간의 궁합을 선후천 비교에서 더 나아가, 년궁합, 월궁합, 일일궁합까지 확대하였습니다.

대유학당의 후원이 되시면 20% 할인된 가격에 프로그램을 구매하실 수 있습니다.
후원회원은 1년 10만원의 회비를 내시면 7가지 혜택을 누리실 수 있습니다.

[자미두수, 육임 2.015 버전업 특징]

첫째, 윈도우 64비트 지원으로, 윈도우즈 관계없이 사용 가능합니다.
둘째, 궁합을 볼 때 명반을 두 개 이상 띄우면 오류가 나는 현상을 해결했습니다.
셋째, 자미두수는 배치상 자시의 경우는 밤의 자시이건 새벽의 자시인건 같은 것으로 인식됩니다.
2.015버전에서는 밤 11시 30분 이후 출생한 자시의 경우 다음달 자시로 명반을 수정하여 출력합니다.
넷째, 월덕, 금여, 유하의 별을 추가하고, 신년생 천괴 천월을 수정하였습니다.
다섯째, 한글세대를 위해 옵션에서 한글명반 보기를 추가하였습니다.
여섯째, 사용자의 편의를 위해 전문가용 육임과 명반을 함께 보도록 만들었습니다.
일곱째, 기문의 요약도 추가하여 간단히 볼 수 있도록 하였습니다.
여덟째, 기문 중궁지반 5토 처리에 있어, '출감일, 출건일'을 정하도록 하였습니다.

프로그램 구매

◉ 프로그램 다운 받는 곳 www.webhard.co.kr　아이디 daeyoudang　패스워드 9966699

孫萬鎭 君子 雅號 爲吾頌

손만진 군자의 아호 위오를 칭송함

'할 위, 만들 위, 위할 위, 다스릴 위, 인정할 위' 자에 '나 오, 우리 오' 자이니, '위오'는 '내가 하고, 우리가 하며, 내가 만들고, 우리가 만들며, 내가 다스리고, 우리가 다스린다.'는 뜻이다. 내가 주인이 되어서 일을 처리하고, 내가 시작해서 창작을 하며, 내가 주체가 되어 모든 일을 다스린다. 나는 그런 사람이고, 또 그런 사람이 되려고 노력하는 사람이다.

日光祐天 春色到하니

태양빛이 하늘을 도와서 봄색이 완연하니

『중용』에 "하늘이 명한 것을 '성(性)'이라고 한다."고 했으니, 모든 사람에게는 각자의 성품이 있는 것이고, 하늘은 사람들이 각자의 성품대로 살기를 바란다. 하늘은 해와 달을 통해서 사람을 다스리고, 사람은 태양이 시키는 대로 산다. 해가 뜨면 일어나고 해가 지면 들어가 쉰다. 또 태양이 봄을 만들면 씨앗을 뿌리고 가을을 만들면 수확을 한다.

이제 태양이 봄을 만드니, 세상에는 봄의 기운이 완연해져 활동하기에 좋고, 사람들도 분주해졌다. 손만진 군자가 추운 겨울을 지내고 따뜻한 봄을 맞은 것이다.

大聖醉顔 如仙桃라

손대성 취한 얼굴이 신선 즐겨먹는 복숭아 같네

손오공(손대성)은 삼장법사를 도와 동방으로 불경을 가져온 공로로 투전불(鬪戰佛)이 되었다. 그가 철없이 하늘나라를 휘저으며 다닐 때 천도복숭아를 지키라고 하니, 그 천도복숭아를 따서 배불리 먹고, 태을진인의 영단을 훔쳐 먹으며 신선주를 마시니, 붉게 취한 모습에 내일을 걱정하지 않는 순박한 즐거움이 어려 있다. 손만진 군자 역시 자유분방하며 내일을 걱정하지 않으며 즐겁게 살고 있다.

千年大木 求良匠하고

천년이나 자란 큰 나무는 좋은 장인을 구하고

그렇게 몸과 마음을 기르며 살다가, 어느 날 문득 깨달은 듯 산에 가서 좋은 목재를 베어서 멋진 장인과 더불어 천하의 기이한 물건을 만든다. 훌륭한 장인은 아람드리 큰 나무에 옹이 몇 개 난 것을 꺼려하지 않는다. 좋으면 좋은대로 흠이 있으면 흠이 있는대로, 그 장점을 취하고 단점을 가리며 작품을 만드는 것이다. 그래서 크게 자란 훌륭한 나무도 자신을 잘 가다듬어줄 장인을 기다리는 것이고, 장인도 자신의 실력을 발휘할 수 있는 훌륭한 나무를 구하는 것이다.

萬事同鎭 在爲吾라

만 가지 일을 한결같이 해결함이 나의 마음속에 있구나

이 귀절에서 손만진 군자의 이름(만진)과 호(위오)가 드디어 '만사동진 재위오'라는 뜻으로 하나가 되었다. 손만진 군자가 오랜 세월 마음을 여유롭게 하고 좋은 경험을 많이 쌓아서 덕과 능력을 길렀으니, '만진'이라는 이름대로 세상의 어려운 일 힘든 일 가리지 않고 해결할 수 있고 그래서 세상을 위무(慰撫)할 수 있다. 그것은 모두 내 마음먹기요 내 행동에 달린 것이니, 세상만사 '재위오'인 것이다.

이름으로 얻은 덕과 능력을 '위오'라는 호로 재단해서 세상에 펼치는 것이다.

戊戌 夬月 乾元

무술년 쾌월 건원이 지음

무술년은 서기로 2018년이고, 쾌월은 음력 3월이다.

자연 손형우

孫形優 君子 雅號 自淵頌
손 형 우 군 자 아 호 자 연 송

有孚攣如는 富其隣이요
유 부 련 여 부 기 린

蛇從蟹行은 自足淵이라
사 종 해 행 자 족 연

執形當年 天祐助하니
집 형 당 년 천 우 조

優裕君子 遺芳信이라
우 유 군 자 유 방 신

庚申 乾月 乾元
경 신 건 월 건 원

서울대 미술대학 동양화 졸업(총장상)
경희대 언론정보대학원 디지털영상 석사졸업
성균관대 동양철학 철학박사 취득
현) 갤러리손 대표
아르떼9미술문화 연구소 대표(화가, 작가)

孫形優 君子 雅號 自淵頌

손형우 군자의 아호 자연을 칭송함

'스스로 자, 몸소 자, 저절로 자'에 '못 연, 소沼 연, 깊을 연, 모일 연'이니, '저절로 깊은 연못에 모인다.' 또는 '몸소 자연스럽게 모으니 저절로 깊어지고 저절로 많은 사람이 모이게 된다.'는 뜻이다. 연못은 먹을 것이 많다. 연못에는 수초를 비롯해서 물고기 벌레 등 많은 동식물이 살고, 또 주변에는 그 물을 먹고 많은 식물이 자라며, 토끼도 노루도 호랑이도 연못에 와서 물을 먹는다. 많은 생물이 연못을 근원으로 해서 먹고 살며 즐기는 것이다. 그러니까 나는 그러한 연못을 만들고, 그 안에 고정적으로 모여 즐기게 하며, 또 시시때때로 많은 사람을 모이게 해서 뜻을 화합하며 즐기다 가게 하는 사람이다. 또 그렇게 하고자 노력하는 사람이다. 내가 만들기만 하면 저절로 모이고 신나고 자연스럽게 그룹을 형성하는 것이다.

有孚攣如은 富其隣이요

믿음 있어서 이끌어 줌은 이웃과 함께 부유하려 함이요

『역경』 소축괘 구오효사에 "구오는 믿음이 있다. 서로 이끌어서 부(富)를 그 이웃으로써 같이 한다(九五는 有孚라 攣如하야 富以其隣이로다)"라고 했다. '孚'는 '손톱 조' 밑에 '아들 자'를 쓴 글자다. 닭이 알을 품에 넣고 잘 품었다가 병아리를 부화시킨다는 뜻이다. 암탉이 수탉을 닮은 병아리를 낳았으면 좋았을 것을, 그만 전혀 닮지 않은 알을 낳고 말았다. 그러니 수탉이 자기 새끼가 아니라고 갖다 버리라고 한 것이다. 아무리 생각해도 바

자연 손형우

람을 피운 적이 없는 암탉이 구박을 받아가며 3·7일(21일)을 품었더니, 예쁜 병아리가 부화되었다. 孚는 바로 그런 뜻이다. 누가 뭐라해도 내 마음을 믿는 것이다. 마지막 구에 나오는 '믿을 信' 자는 타인(人)과 말(言)로 한 약속을 지키는 것이지만, 孚는 나와의 약속을 지키는 것이다. 누가 뭐라해도 나 자신이 시키는 대로 믿음을 갖고 이끌어주며, 더구나 그 성공한 이익을 주변과 함께 나누니 누가 기뻐하지 않을 것인가?

蛇從蟹行은 自足淵이라

뱀같이 가고 게걸음 하는 것은 스스로 만족하는 연못을 위함이다

자연이라는 호의 뜻을 풀이한 시구이다. 뱀은 좌우로 이리저리 기어 가지만 직선으로 가는 것 보다 빠르게 가고, 게는 앞으로 가지 못하고 옆으로 기어가지만 자기가 목표한 곳을 틀림없이 잘 도착한다. 다른 사람이 볼 때는 돌아가는 것 같고, 옆으로 새는 것 같지만, 나는 그렇게 만들고 도착한 연못에 만족하는 것이다.

『역경』 돈괘 「대상전」에 "하늘 아래에 산이 있는 것이 돈괘니, 군자가 본받아서 소인을 멀리하되 악하게 하지 않고 엄하게 한다(天下有山이 遯이니 君子 以하야 遠小人호대 不惡而嚴하나니라."고 했다. 내가 똑바로 가지 않고 에둘러 가는 것은, 소인을 멀리하기 위한 것이다. 다만 소인의 원성을 받으면 안 되니, 직접적으로 미워한다는 말을 하지 않고 위엄을 보임으로써 소인 스스로 함부로 대하지 못하게 하는 방법을 쓰는 것이다.

執形當年 天祐助하니

형을 잡은(분수와 천명을 앎) 해에 하늘로부터 도우니

형우라는 이름의 '형'을 재해석한 시구이다. 形은 氣가 모여서 생긴 형체이다. 質과 性을 갖추었으므로, 눈으로 볼 수 있고 귀로 들을 수 있으며 손으로 촉감할 수 있으며, 성격이 있다. 내가 뱀처럼 게처럼 옆으로 새고 직선으로 가지 않아 뒤처지는 것 같지만, 일단 나의 정체성이 생기고 나와 나의 주변이 만든 연못이라는 놀이터가 완성되면, 곧바로 하늘로부터 도움이 온다는 것이다. 그러니까 형우의 '형'이 호의 '연'으로 구체화되어 드러난 것이다. 또 호를 받은 해의 운이 '自天祐之 吉无不利'의 효사가 적용되는 운이다. 이를 줄여서 '天祐助'라 한 것이다.

優裕君子 遺芳信이라

뛰어나고 넉넉한 군자가 꽃다운 믿음을 남기리라

형우라는 이름의 '우'를 재해석하고, 동시에 송시 전체를 마무리한 시구이다. 이름의 '우'는 어느새 '뛰어나고 넉넉한 군자'로 변화되었다. 이는 내가 돌아가는 방법을 썼지만 훌륭한 연못을 만들었기 때문에 가능한 것이다. 이름의 '우'는 '우유 군자'가 되었고, 이는 '호의 '자(천우조)'로 다시 해석되며, 이렇게 이름과 호가 협력하여 다른 사람과의 약속도 잘 지킨 결과 믿음직하고 꽃 같은 명과 호를 남기게 된다는 것이다.

庚申 乾月 乾元

2010년 음 4월에 건원이 짓다.

경신년은 2010년이고, 건월은 음력으로 4월이다.

관중 신명균

申溟均 君子 雅號 觀中頌
신 명 균 군 자 아 호 관 중 송

有孚在道 爲修中이요
유 부 재 도 위 수 중

溟泉德流 發業從이라
명 천 덕 류 발 업 종

丈夫生世 多善績하니
장 부 생 세 다 선 적

觀我均田 百花榮이라
관 아 균 전 백 화 영

庚申 乾月 乾元
경 신 건 월 건 원

(재)부남장학재단 상임이사
CLC성품리더십연구소대표
백석대학교 기독교전문대학원졸업(신학박사)
경희대학교 언론정보대학원졸업(언론학석사)

申溟均 君子 雅號 觀中頌

신명균 군자의 아호 관중을 칭송함

'볼 관, 살필 관, 나타낼 관' 자에 '가운데 중, 마음 중, 적중할 중' 자이니, '내 마음을 잘 관찰해서 본다, 적중하는 것을 살펴본다, 마음을 다스리고 마음을 쓰는 것을 관찰한다.'는 뜻이다. 사람에 있어서 '중'은, 몸의 제일 중심에 있는 마음이다. 또 세상의 '중'은 시간과 공간의 중이고, 가장 중심이 되고 뿌리가 되는 곳이다.

내 마음도 세상의 만물 중의 하나이니, 중을 관찰한다는 것은, 나의 마음을 관찰해서, 마음을 다스리고 마음을 쓰는 것을 관찰하다는 뜻이 된다. 따라서 중을 관찰할 수 있는 사람이 나를 다스릴 수 있고, 세상을 관찰할 수 있으며, 세상을 다스릴 수 있는 것이다.

나는 제 3자가 되어서 나의 마음을 살필 수 있고, 그 마음의 희노애락 변화를 안정시켜서 다스릴 수 있다는 관중이요, 어떤 일이든 중용을 찾아서 살필 수 있다는 관중이다. 또 그런 사람이 되려고 노력할 것이다.

有孚在道 爲修中이요

내 마음을 믿고 도를 행해서 마음을 닦음이요

'부(孚=爪+子)'는 내가 나 자신을 믿는 것이다. '신(信=人+言)'이 나와 너, 나와 사람과의 약속을 해서 신의를 지키는 것과는 다르다. 내가 나와의 약속을 지키고 또 그것을 굳게 믿으며, 행실 하나하나를 도(道)에 맞춰 순리대로 행한다. 그것은 다름 아

관중 신명균

닌 내 마음을 닦는 공부이고, 그 결과로 완성된 인격체가 되는 것이다. 또 '중(中)'은 마음이고, 마음속 깊은 중심부이다. 누가 뭐라고 해도 나의 마음 속 믿음을 실천할 것이고, 그것이 바로 나의 마음을 수양하는 길이라는 것이다.

溟泉德流 發業從이라

땅깊은 샘물이 덕으로 흐름은 발동해서 사업을 따르기 위함이라

'명천(溟泉)'은 땅속 깊은 곳에 있는 샘물로, 일반사람의 눈에는 볼 수 없는 곳에 있다. 그러나 그 안에서도 샘은 솟아나오고, 그것이 모여 지하수로 흐르며 세상을 주유한다. 그렇게 자신을 드러내지 않고 흐르는 것이 '덕류(德流)'이다. 덕을 쌓고 기르며 흐르는 것이다.

그러다 세상에 나오면 사람들이 원하는대로 윤택하게 베풀어준다. 농부가 논에 물을 대려고 하면 논으로 흘러 벼를 자라게 하고, 밭에 물을 대려고 하면 밭으로 흘러 밭을 윤택하게 하며, 사람들이 음용하려고 하면 시원한 샘물이 되어서 갈증을 풀어준다. 그것이 바로 '발업종(發業從:각자의 일에 따라 윤택하게 해줌)'이다.

신명균군자의 이름을, 여기의 '명천덕류 발업종'의 '명'과 마지막 구절인 '관아균전 백화영'의 '균'에 나누어 풀었다.

丈夫生世 多善績하니

장부 살아 생전에 좋은 공적 많으니

그렇게 때에 따라 장소에 따라 필요한 곳을 찾아가며 '발업종(發業從)'을 하니 선업(善業)을 많이 쌓게 되는 것이다. 신명균군자의 이번 세상의 삶은 선행을 많이 쌓는 운명인 것이다.

觀我均田 百花榮이라

내 고른 밭을 살핌에 백화가 만발하네

내 한 평생을 돌아보는 것이 '관아균전(觀我均田)'이다. 지나온 내 발자취를 돌아보니, 고르게 선행을 쌓아왔고, 그 결과가 황금들녘에 오곡백과의 꽃이 만발한 것이다. '백화영(百花榮:오곡백과의 꽃이 만발함)'은 무엇인가? 꽃은 열매를 맺으려고 피는 것이다. 내가 심고 가꾸며, 덕으로 물을 주고 윤택하게 해서 나의 밭 모든 곡식이 열매를 맺으려고 아름다운 자태를 다 드러내니, 나 스스로도 "아! 아름답구나!"하고 감탄하는 것이다. '관아균전 백화영'의 첫 글자와 '유부재도 위수중'의 끝 글자가 연결되어야 비로소 '관중'이라는 호가 이루어진다. 처음과 끝이 한결같고, 또 서로 협조해야 진정한 관중이 되는 것이다.

庚申 乾月 乾元

2010년 음 4월에 건원이 짓다.

경신년은 2010년이고, 건월은 음력으로 4월이다.

순천 신운철

申雲澈 君子 雅號 順天頌
신 운 철 군 자 아 호 순 천 송

雲行雨施 成澈江하니
운 행 우 시 성 철 강

孚乃用禴 順天行이라
부 내 용 약 순 천 행

地中生木 與時茂하니
지 중 생 목 여 시 무

丈夫平生 樂堂堂이라
장 부 평 생 낙 당 당

庚子 小暑 乾元
경 자 소 서 건 원

진천에서 5대째 살고 있으며, 고향에서 34년의 공직생활 마무리
선대 덕으로 주역을 배우고, 손주들에게 삶의 도를 배우는 중
취미생활과 자원봉사로 멋진 할아버지, 멋진 생거진천인을 꿈꾸고 있음.

申雲澈 君子 雅號 順天頌

신운철 군자의 아호 순천을 칭송함

'순 할 순' 자에 '하늘 천' 자를 쓰니, 하늘의 운행에 따라 순리대로 움직인다는 뜻이다. 하늘이 새벽을 주면 일어나고 밤을 주면 들어가 쉰다. 봄을 주면 씨앗을 심고, 여름을 주면 무성하게 자라며, 가을을 주면 결실을 맺어 수확을 하고, 겨울을 주면 조용한 곳에 숨어서 쉬면서 반성한다. 직장에 나갈 때면 성실하게 맡은 일을 다하고, 집에 들어오면 쉬고, 그만 두게 되면 쉬면서 다른 일을 찾는다.

예로부터 "순천자(順天者) 흥(興)이요, 역천자(逆天者) 망(亡)"이라고 했다. 나는 언제나 하늘의 운행과 하늘이 준 운명에 맞춰 무리하지 않고 따라왔다. 그것이 순천이고, 앞으로도 그렇게 살려고 노력하는 사람이다.

雲行雨施 成澈江하니

구름이 떠가고 비가 와서 맑고 시원한 강을 만드니

주역 건괘 (乾卦) 단전에 "구름이 일어나고 비가 베풀어짐에 따라 만물이 자기의 형체를 이룬다."고 하였다. 구름이 떠가는 것은 비를 베푸려고 하는 것이고, 비를 맞아야 만물이 잘 자랄 수 있다. 잘 자라야 자신만의 고유한 형체가 만들어진다.

여기서 신운철 군자의 이름을 '운행우시 성철강'으로 풀었다. 비가 많이 오면 흙탕물이 되고, 비가 적게 오면 가뭄이 들어 강바닥이 갈라진다. 때에 맞게 적당한 양을 내리니, 맑은 강물이 되어 흐르는 것이고, 신운철 군자가 항상 중용을 택해서 행동하니, 그 행실의 궤적이 맑을 수 있는 것이다.

孚乃用禴 順天行이라

작은 제물을 정성껏 바치는 제사가 순천하는 행동이라

마침 신운철 군자의 평생운이 승진을 잘한다는 승괘(升卦) 구이효이다. 그 효사에 "구이는 정성껏 간략한 제사를 지냄이 이로우니 허물이 없으리라."고 했다. 일처리를 하되 자신의 능력에 맞게 하는 것이다. 분수와 처지에 맞게 하는 것이 바로 '순천'의 행동이다. '운철'이란 이름으로 맑게 살고, '순천'이란 호로 분수를 지키는 것이니, 이름과 호가 앞에서 이끌고 뒤에서 밀어주는 것이다.

地中生木 與時茂하니

땅 속에서 나무가 자라 때에 맞게 무성해지니

승괘 대상전에 "지중생목이 승이니, 덕에 순해서 작은 것을 쌓아서 높고 크게 한다."고 했다. 나무가 처음 자랄 때는 작지만, 점점 자라나면서 높고 커지는 것이다. '덕에 순해서'의 뜻은, 자기의 재질과 성격에 맞게 한다는 것이다. 말을 물가로 데려갈 수는 있지만 강제로 물을 먹일 수는 없다. 목이 마를 때를 기다려서 먹여야 하는 것이다. 또 나무가 아무 때나 무성해지는가? 봄이 오고 여름이 와야 무성해진다. 나는 시작할 때가 되면 시작하고, 무성해질 때가 되면 무성해지고, 쉬어야 될 때가 되면 쉬는 사람이다.

丈夫平生 樂堂堂이라

장부 평생에 즐거움이 당당하리라

내가 분수에 맞게, 환경에 맞게, 때에 맞게 사니, 자연 한평생이 떳떳하고 즐거움이 가득하다. 하는 일마다 '순천'이고, 나의 말과 행동 속에 '순천'이 배어나오니, 당당하고도 당당하고 즐거우면서도 또 즐거운 것이다.

庚子 小暑 乾元

2020년 소서에 건원이 짓다

논에는 논매기를 하고 밭에는 김매기를 하는 절기이다. 이 때부터 보리고개의 숨통이 트여서 과일과 채소가 풍성해지고 밀과 보리도 먹을 수 있게 되니, '낙당당'이 시작되는 좋은 때이다.

지원 신원철

申元澈 君子 雅號 智圓頌
신 원 철 군 자 아 호 지 원 송

元亨利貞 澈理展하니
원 형 이 정 철 리 전

愼言節食 智圓轉이라
신 언 절 식 지 원 전

虛心受人 萬事成하니
허 심 수 인 만 사 성

暢發當年 福自天이라
창 발 당 년 복 자 천

甲辰 姤月 乾元
갑 진 구 월 건 원

- 충북 진천, 1969년 출생
- 세종교육청 근무

申元澈 君子 雅號 智圓頌

신원철 군자의 아호 지원을 칭송함

'지혜 지, 슬기로울 지' 자에 '둥글 원' 자를 쓰니, 다른 사람에게 해를 주지 않으면서도 일을 성공시킬 수 있는 지혜로운 사람이라는 뜻이다. 사람이 움직이지 않으면 좋은 것도 없고 나쁜 것도 없지만, 일단 움직이게 되면 좋음과 나쁨이 나뉘고, 성공과 실패가 나뉜다. 또 일을 성공시키려면 여러 사람이 한 마음으로 열심히 협조해야 한다. 한마음으로 협조하려면 서로의 목표가 같고 이익이 같아야 한다. 이것을 잘 조종하고 융합해서 최선의 방법을 찾는 것이 지혜이다.
나는 일상생활을 지혜롭게 해서 불만이 있는 사람이 없게 하고, 일을 처리할 때 지혜롭게 해서 모두가 만족하고 행복하게 해주는 사람이고 또 그렇게 하려고 노력하는 사람이다.

元亨利貞 澈理展하니

원형이정 4덕을 돌며 맑은 이치를 전개하니

신원철 군자의 이름을 '원형이정 철리전'으로 풀었다. 하늘은 봄 여름 가을 겨울을 순환하며 만물을 기른다. 봄에는 원의 덕으로 만물을 따뜻하게 북돋아 주며 기르고, 여름에는 형의 덕으로 무성하게 자라게 하며, 가을에는 이의 덕으로 만물이 결실을 맺게 하며, 겨울에는 정의 덕으로 만물을 저장하고 보존시켜주는 것이다. 이렇게 원형이정의 네 가지 덕으로 사계절을 순환하며 길러주는 것이 맑고도 투명한 자연의 이치이고, 여태까지 이름값을 하며 이런 이치대로 잘 살아온 것이다.

愼言節食 智圓轉이라

말을 조심하고 음식을 절제해서 원만하고 지혜롭게 굴러가네

말을 잘하면 복이 들어오지만, 말을 잘못하면 재앙이 들어온다. 그래서 말을 할 때 한 번 더 생각하고 말해야 하고, 글을 쓸 때도 한 번 더 교정을 봐야한다. 또 음식은 나를 길러주는 소중한 물건이지만, 많이 먹거나 잘못 먹으면 오히려 나를 해치게 된다. 재물도 나에게 소중한 것이지만, 부정한 재물은 나를 망치게 된다. 그래서 말과 음식과 재물을 받아들일 때는 잘 판단해야 한다. 지혜가 필요한 것이다. 다행히도 신원철 군자는 원만한 지혜의 바퀴를 잘 굴리면서 인생을 산 것이다.

虛心受人 萬事成하니

욕심을 비우고 사람을 받아들여 만 가지 일을 성공하니

백두산이나 한라산은 산 정상에 호수가 있어서 신령한 산이라고 한다. 동물과 식물이 좋아할 뿐만 아니라, 하늘과 땅의 신령한 기운이 뭉쳐서 조화롭게 한다. 높은 산이라는 명예를 얻고 싶지만, 과감하게 산 정상을 비우면 호수가 생기면서 만물이 행복해 한다. 마찬가지로 '최고가 되겠다'는 내 욕심을 버리면 다른 사람들이 다가온다. 사리사욕을 채우지 않을 것을 알기 때문에 도와주러 오는 것이다. 욕심을 버린 사람이라는 것을 다른 사람이 먼저 알아본다. 몸과 마음에서 향기가 나기 때문이다. 많은 사람이 도와주므로 어떤 일이든 성공하는 것이다.

暢發當年 福自天이라

창발하는 해에 하늘로부터 복이 오리라

나의 인생이 원형이정의 밝은 이치로 전개되고, 마음을 비워서 일마다 성공하게 되며, 말과 재물을 조심하며 지혜롭게 사니, 반드시 창발하는 때가 있고 하늘이 보호하며 복을 주는 때가 있게 되는 것이다.

甲辰 姤月 乾元

2024년 음력 5월에 건원 지음

갑진년은 2024년이고, 구월은 음력 5월로 밖에는 양이 극성하게 기세를 부리지만, 속으로는 음의 씨앗이 자라나 음의 세상을 만들 것을 계획하는 때이다. 양으로 커지기만 해서는 결실이 이루어지지 않는다. 음으로 자신의 기운을 모아야 좋은 결실을 얻을 수 있는 것이다. 내 마음을 비우며 지혜롭게 일을 성공시킨다는 뜻의 '지원'이라는 호와 잘 어울리는 계절이다.

문언 신현상

申鉉尚 君子 雅號 聞言頌
신 현 상 군 자 아 호 문 언 송

不永所事 聰且明이요
불 영 소 사 총 차 명

尚顯聞天 由言行이라
상 현 문 천 유 언 행

能敦臨鉉 養德人이니
능 돈 임 현 양 덕 인

自有貴人 相接應이라
자 유 귀 인 상 접 응

丙申 大壯月 乾元
병 신 대 장 월 건 원

경북대학교 의학전문대학원 졸업
고려대학교 생명과학대학 졸업
의사

申鉉尙 君子 雅號 聞言頌

신현상 군자의 아호 문언을 칭송함

‘문’은 ‘들을 문, 가르침 받을 문, 알릴 문, 방문할 문’이고, ‘언’은 ‘말씀 언, 호령할 언, 꾀할 언’이니, ‘문언’은 ‘말씀을 듣다, 가르침을 받다, 유명해져서 소문이 널리 퍼지다’의 뜻이다. 또 이름의 ‘현’은 ‘솥귀 현, 솥고리 현’이고, ‘상’은 ‘숭상할 상, 높일 상, 오히려 상’이니, ‘솥귀 또는 솥고리를 맡은 직책을 높이고 숭상한다’는 뜻이다.

나는 부모님의 말씀을 들어서 실천하고, 존경하는 분의 말씀을 들어서 실천한다. 그 말씀들이 중요하고 좋은 말씀이니, 실천하다 보면 저절로 유명해지고, 유명해지다 보면 (먹을 것을 골고루 분배하는 직책을 높이고 숭상하라는) 하늘의 뜻을 받들고 있는 나를 발견하게 되는 것이다. 나는 그런 사람이고 또 그렇게 될 것이다.

不永所事 聰且明이요

다투는 일 오래하지 않음은 총명하기 때문이고

내 일에 집착하고, 나는 옳고 다른 사람은 그르다 생각하면 다투게 마련이다. 좀더 객관적인 자세로 여유를 갖고 바라보면 지나친 행동을 하지 않게 된다. 그것은 귀밝고(총) 눈밝은(명) 사람이어야 가능하다. 사람의 눈과 귀는 외부와 소통을 하는 중요 도구이고, 사람이 사람다울 수 있으려면 주변과 소통을 해야 한다. 잘 소통하냐 그렇지 못하냐에 나의 삶의 성공여부가 달려있다. 소통의 도구를 항상 열어놓고, 잘 수리해 놓는다면 주변 사람과 다툴 이유가 없게 된다.

尙顯聞天 由言行이라

하늘에까지 소문이 드러남은 언행으로 말미암은 것이네

『서경』「강고康誥」에 "소문紹聞하여 의덕언衣德言하라(훌륭한 아버지로부터 들은 것을 잘 이어가고 그분의 덕스런 말을 실행하라)"했고, "기상현문우천其尙顯聞于天(작은 일일지라도 오히려 하늘에까지 소문이 드러난다.)"고 했다. 말을 듣는다는 것은 그 말을 마음속에 새겨 잘 실천한다는 것이고, 그렇게 실천함으로써 그 결과가 하나도 가감없이 하늘에 다 알려진다고 한 것이다.

'상현문천尙顯聞天(하늘에까지 소문이 드러남)'은 이름의 '상'이 결과로 드러난 것이고, '유언행由言行(언행으로 말미암은 것)'은 호의 '문'이 조건이 되어 작용한 것이다. 즉 말을 잘 가려듣고 실천하면 그 훌륭함을 하늘에서 인정하게 된다는 것이다. 이 구절에 호와 이름이 다 들어있다. '문언'을 풀이하면 '상현「문」천 유「언」행'인 것이다.

能敦臨鉉 養德人이니

솥귀를 맡아서 돈독히 할 수 있는 덕을 기른 사람이니

이름의 '현'의 역할을 다하려면 훌륭한 덕을 길러야 한다. 어떤 일을 대하든 정성을 다하고 지혜를 모아서 처리해야 한다. '현鉉'은 '솥귀 현, 솥고리 현'이다. 솥귀는 밥을 다하고 나서 솥을 옮기는 솥의 손잡이이고, 솥고리는 밥을 푸기 위해 뚜껑을 열

때 쓰는 뚜껑 손잡이이다. 밥을 고르게 잘 배분해야 모인 사람들이 다툼없이 즐겁다. 그런 중요한 역할은 훌륭한 덕을 길러 궁행실천하는 사람만이 가능하다. '臨鉉'은 그런 중요한 일을 맡았다는 것이고, '能敦'은 두터운 덕으로 잘 처리 할 수 있다는 것이다.

自有貴人 相接應이라

저절로 귀인 있어서 서로 맞이해 응하네

위의 시처럼 말하고 행동한다면 그 누가 싫어할 것인가? 하늘이 돕고 사람이 도울 것이다. 나를 돕는 귀인이 올 것이고, 그와 함께 하늘의 뜻을 이루고, 나의 꿈을 이룰 것이다.

丙申 大壯月 乾元

병신년은 서기로 2016년이고, 대장월은 음력 2월이다.

만물이 씩씩하게 자라난다는 달이다.

복운 오병운

吳炳雲 君子 雅號 復運頌
오 병 운 군 자 아 호 복 운 송

八二復運 解而拇하니
팔 이 복 운 해 이 무

花開日炳 雲散迂라
화 개 일 병 운 산 우

有孚盈缶 有他吉하니
유 부 영 부 유 타 길

萬事亨通 樂樂符라
만 사 형 통 낙 락 부

甲辰 夬月 乾元
갑 진 쾌 월 건 원

1943년 생
진천읍에서 출생
98년 벽산건설 퇴임

吳炳雲 君子 雅號 復運頌

오병운 군자의 아호 복운을 칭송함

'회복할 복, 돌아올 복' 자에 '운명 운, 운세 운, 운행할 운' 자이니, 새로운 인생을 사는 사람, 태어날 때의 마음을 얻어 새롭게 출발하는 사람, 과거의 좋은 운을 다시 회복하여 새출발을 하는 사람이라는 뜻이다.

나는 오늘부터 새로운 생명을 받아서 새인생을 살 것이고, 과거에 한번 경험해 본 인생이므로 같은 실수를 반복하지 않고 후회하지 않는 인생을 살려고 노력하는 사람이다. 나는 새롭게 펼쳐진 인생을 덤으로 맞이하는 축복으로 알고 성실하게 최선을 다해서 펼쳐나갈 것이다.

八二復運 解而拇하니

82세에 운이 돌아와 걱정거리를 덜어내니

올해로 82세가 되었는데, 나의 인생을 한바퀴 돌아서 다시 또 뇌수해괘의 운을 맞았다. 뇌수해괘의 운을 48년 살았고, 이어서 수지비괘의 운을 39년 살고, 2024년을 맞아 다시 또 천명을 받아서 뇌수해괘의 운을 시작한 것이다. 뇌수해괘는 추운 겨울을 지나서 꽃피는 봄이 되는 운이고, 어려움을 헤치고 나와서 풀리는 운이다. 또 수지비괘는 땅 위에 물이 흘러서 땅은 물기를 머금어서 만물을 자라게 할 수 있고, 물은 땅 위를 흘러가서 바다로 갈 수 있어서 좋으므로, 서로 돕고 위하는 운이다.

꽃 피는 봄의 운과 서로 도와서 잘 사는 운을 살았지만, 후회되는 일도 있고 성공하지 못한 일도 있다. 뇌수해괘 구사효사에

복운 오병운

"쓸데없는 데 욕심내고 미련을 가지는 단점을 해결하면, 많은 친구가 도우러 오고 나를 믿어준다."고 했듯이, 나의 단점이 되고, 좋지 못한 버릇이 되며, 헛것을 바라는 마음을 없애고 새롭게 시작하는 것이다.

花開日炳 雲散迂라

꽃이 피고 해가 밝아서 구름이 멀리 흩어지네

오병운 군자의 이름을 '화개일병 운산우'로 풀었다. '화개'는 꽃이 만발한다는 것이고, '일병'은 해가 환하게 밝다는 뜻이다. 해가 환하게 밝으니, 구름이 멀리멀리 흩어지는 것이다. 내 앞길에 꽃이 만발해서 보기 좋은데, 구름에 가려서 예쁜 모습이 제대로 보이지 않았다. 마침 해가 높이 뜨고 환하게 떠서 구름을 멀리 흩어버렸다. 이제는 마음껏 아름다운 꽃을 감상할 수 있게 되었고, 내 앞길이 꽃처럼 아름답게 열리게 된 것이다. 나의 단점은 일을 환하게 잘 처리하다가도, 구름 낀 마음으로 잘못 봐서 오해를 하는데 있었는데, 새인생을 살면서 그런 잘못을 흩뜨려 없앤 것이다.

有孚盈缶 有他吉하니

순박한 믿음이 넘침에 생각지 않은 길상이 찾아오니

밝은 해가 높이 뜬 이유가 무엇인가? 환하게 일처리를 잘 하라고 뜬 것이다. 내 인생을 방해하는 구름만 없어진다면, 나에게 보람찬 인생이 펼쳐진다는 확신이 있고, 그것이 꼭 이루어진다는 순박한 믿음과 성실성으로 어떤 일이든 성공으로 이끌 수 있다. 그런 마음과 성실함으로 세상을 살아가고, 새로 시작하는 인생을 마주 대하니, 하는 일 마다 성공하는 기쁨이 있게 되는 것이다.

萬事亨通 樂樂符라

만사가 형통해서 도장 찍듯 확실한 즐거움이 이어지네

내 인생의 앞길에 꽃이 활짝 피고, 아름답고 희망적인 꽃의 모습을 보이지 않게 하려던 구름도 없어졌다. 나는 나의 앞길이 잘되고 보람차게 될 것이라는 확신을 가지고 있다. 그러므로 모든 일이 형통하고, 즐거움이 가득 넘치게 되는 것이다.

甲辰 夬月 乾元

2024년 음력 3월에 건원 지음

갑진년은 2024년이고, 쾌월은 음력 3월로 양이 기세를 부리는 때이니, 앞으로 전진하며 공정한 사회를 만들 일만 남았다는 뜻이다. 순박한 믿음으로 새롭고 즐거운 운명이 시작되어 행복의 길을 찾아간다는 뜻의 '복원'이라는 호와 잘 어울리는 계절이다.

함원 오채원

吳案愿 淑女 雅號 咸園頌
오 채 원 숙 녀 아 호 함 원 송

乾坤合德 生五源하니
건 곤 합 덕 생 오 원

心愿案地 成咸園이라
심 원 채 지 성 함 원

親親敎思 无盡窮하니
친 친 교 사 무 진 궁

暢命當年 福自天이라
창 명 당 년 복 자 천

壬寅 姤月 乾元
임 인 구 월 건 원

하모니 타로 아카데미 원장
원광디지털 대학교 동양학과 재학중
상담경력 5년

吳宷愿淑女 雅號 咸園頌

오채원 숙녀의 아호 함원을 칭송함

'다 함, 느낄 함, 두루 미칠 함' 자에 '동산 원' 자를 쓰니, 세상 모든 것을 느끼고 감촉해서 소통하고 교류하는 동산이라는 뜻이다. 또 함원에는 '하몬(harmony)'이라는 조화와 긍정의 뜻이 숨어 있다. 동산에는 꽃과 나무는 물론이고, 온갖 동물들이 뛰놀며 자란다. 함원은 이들 식물과 동물은 물론이고, 무생물까지도 서로가 서로를 느끼면서 인정하고 배려하며 만들어가는 행복한 동산이다. 나는 이들이 서로를 잘 알아서 좋은 관계를 맺을 수 있도록 소통시키고 배려하는 사람이고, 또 그렇게 되려고 노력하는 사람이다.

乾坤合德 生五源하니

하늘과 땅이 덕을 합해서 다섯 근원을 만드니

건곤은 하늘과 땅이고, 다섯 근원은 만물이 다른 만물을 느끼고 보며 들으며 감촉할 수 있는 눈, 귀, 코, 입, 몸의 다섯 감각(오감: 五感)이다. 하늘과 땅이 뜻을 내어 아름다운 세상을 만들면서, 서로 소통하고 교류하는 수단으로 다섯 근원을 만들어 준 것이다. 이 오감이 없으면 서로 좋은 관계를 맺을 수 없다. 오감에서 느낀 정보를 바탕으로 해야 합심하고 조화를 이룰 수 있기 때문이다.

心愿寀地 成咸園이라

채지에 대한 마음을 살려서 함원을 이루네

오채원숙녀의 이름을 '심원채지 성함원'으로 풀었다. '심원'은 질박한 본래의 마음이니 초지(初志)이다. 처음 먹은 좋은 뜻을 끝까지 살려가는 것이다. '채지'는 내가 녹봉으로 세금을 받는 땅이다. 내가 사는데 필요한 비용이 나오고 내가 저축하며 쓸 수 있는 재산이다. 재물은 나를 윤택하게 하는데 쓰이지만, 그렇다고 나만을 위해서 쓰라는 것은 아니다. 하늘이 나에게 재물을 주었을 때는, 나에게 재물의 분배와 활용을 잘하라고 맡긴 것이기 때문이다.

어떻게 분배하고 활용하는가? 하늘이 준 오감으로 각자 필요한 것을 느껴 알고, 주변 사람들과 교감하며 채지를 함께 쓰겠다는 초지를 지켜나가는 것이다. 그러므로 나만의 채지가 아닌 모두가 행복함을 느끼고 즐기는 함원이 되었다.

親親敎思 无盡窮하니

친한 사람부터 친하게 하고 가르칠 것을 생각함에 다함이 없으니

'친친'은 어버이를 친애하는 것인데, 가까운 사람부터 친하게 하는 것으로 뜻이 넓어졌다. 사람을 똑같은 정도로 사랑하는 것이 아니라, 가장 친한 나의 부모를 제일 많이 사랑하고, 그 다음으로 친척을 사랑하며, 가까운 이웃을 사랑하는 순서로 사랑에 차등을 두는 것이다. 이렇게 사랑을 차츰 펼쳐나가고, 또 내가 아는 것을 아낌없이 가르쳐서 그들 또한 아름답고 행복한 삶을 살

게 한다. 함원이 이러한 사랑과 가르침을 한정없이 베푸는 것이다.

暢命當年 福自天이라

명이 펴지는 해에 하늘로부터 복이 오리라

'창명당년'은 하늘의 천명을 펼치는 해를 뜻한다. 내가 태어난 소명을 다하고 싶어도 때와 장소가 허락이 안된다. 그러다가 드디어 나의 지식과 경험을 필요로 하는 때가 왔다. 함원이 함원을 만들고 함원의 세상을 펼쳐나가며 정겹게 하고 아름답게 만들어 나가니, 하늘이 나를 훌륭하게 보아서 복을 내리는 것이다.

壬寅 姤月 乾元

임인년 음력 5월에 건원이 짓다

임인은 2022년이다. '구월'은 음력 5월의 하지에 해당한다. '구'는 '만날 구'이므로, 함원이 세상 모든 사람들과 만나는 것이고, 만나서 함원의 행복한 세상을 만들며 새로운 세상을 열어가니 호와 잘 어울리는 달이다.

무겸 오흥녕

吳興寧君子 雅號 拇謙頌
오 흥 녕 군 자 아 호 무 겸 송

人道好巽 神害盈하니
인 도 호 손 신 해 영

靈龜觀頤 漸興寧이라
영 귀 관 이 점 흥 녕

拇謙平施 日日新하니
무 겸 평 시 일 일 신

振振君子 遺芳名이라
진 진 군 자 유 방 명

甲辰 夬月 乾元
갑 진 쾌 월 건 원

1973 부산 출생
2000 고려대 역사교육과(92학번) 졸업
2022~ 유교신문 주간

吳興寧君子 雅號 拇謙頌

오흥녕 군자의 아호 무겸을 칭송함

'엄지손가락 무, 엄지발가락 무' 자에 '겸손할 겸, 덜 겸, 낮출 겸' 자를 쓰니, 누구에게나 고르게 겸손한 사람, 나를 낮추고 상대방을 높여주면서 이름나게 해주는 사람이라는 뜻이다.
엄지손가락은 용도가 많다. 엄지 척을 해서 상대방을 칭찬하고, 다른 네 손가락을 고루 어루만지며 소통할 수도 있으며, 특히 요즘같이 휴대폰을 쓰는 시대에 문자를 보내고 받을 때 아주 요긴하게 쓰인다. 겸손하면 천지인 모두 좋아해서 도와주고 심지어는 귀신도 좋아한다. 나는 겸손할 뿐만 아니라 엄지손가락처럼 누구에게나 겸손하고 또 소통할 준비가 되어 있는 사람이다. 지금까지도 그렇게 살아왔고 앞으로도 노력하며 무겸이 되도록 힘쓸 것이다.

人道好巽 神害盈하니

사람은 겸손한 것을 좋아하고 귀신은 오만한 사람을 해치니

겸괘에 공자님이 주석한 단전을 보면, "하늘의 도는 가득 찬 것은 이지러지게 하며 겸손한 데는 더해주고, 땅의 도는 가득 찬 것을 변하게 하며 겸손한 데로 흐르고, 귀신은 오만한 사람을 해롭게 하며 겸손한 사람에게는 복되게 하고, 사람의 도는 가득 찬 것을 미워하고 겸손한 것을 좋아한다."고 하셨다. 또 "겸손하면 아무도 함부로 대할 수 없다."고 하셨다. 우주 전체가 겸손한 사람을 좋아하고, 오만한 사람을 싫어하는 것이다.

靈龜觀頤 漸興寧이라

신령스런 거북이가 길러주는 것을 살핌에 점차 흥성하고 편안해지네

오흥녕군자의 이름을 '영귀관이 점흥녕'으로 풀었다. '영귀'는 먹지 않고도 살면서 시간과 공간을 초월해서 잘 판단 한다는 신통한 거북이다. 또 '관이'는 내가 먹는 것을 살피고, 타인이 무얼 먹나도 살피는 것이다. 먹을 것은 욕심이고, 원하는 것이며, 소중하게 여기는 것이다. 이것을 잘 살펴 조절하는 것이 수신이고, 다른 사람이 좋아하는 것을 살펴서 해결할 줄 알아야 제가 치국 평천하를 할 수 있는 것이다. 이렇게 중요한 것이므로 '영귀'의 신령함이 필요하다. 영귀가 관이를 잘 해서 도와주므로 점차 흥성해지고 편안해지는 것이다.

撝謙平施 日日新하니

무겸으로 고르게 겸손하고 평평하게 베풀어 날마다 새로운 덕이 늘어나니

'영귀관이 점흥녕'으로 사니까 무겸이라는 호칭을 얻었다. 누구에게나 고르게 겸손하고, 상대방을 잘 평가하여서 그에 합당하게 대접을 하니, 어제의 무겸과 오늘의 무겸이 다르고 내일의 무겸이 또 다르게 발전하는 것이다. 주역 겸괘 4효에 "누구에게나 고르게 겸손하면 이롭지 않음이 없게 된다."고 하였고, 겸괘 대상전에는 "물건을 잘 저울질하고 베풂을 고르게 한다."고 했고, 서경에는 탕임금이 세숫대야에 "일신 우일신 일일신"이라고 새겨서 날마다 새롭게 발전할 것을 맹세했다고 한다. 앞으로 남은 나의 일생도 그렇게 살겠다는 것이다.

振振君子 遺芳名이라

어질고 후덕한 군자라 아름다운 이름을 전하리라

이렇게 사니 진진한 군자가 되었다. 문왕의 후손만 '진진공자'가 되는 것이 아니다. '영귀관이 점흥녕'하고 '무겸평시 일일신'을 하니, 진진하게 어질고 후덕함으로써 세상에 이름나는 군자가 되어서, 아름다운 이름을 후세에 전하게 되는 것이다.

甲辰 夬月 乾元

2024년 음력 3월에 건원 지음

갑진년은 2024년이고, 쾌월은 음력 3월로 양이 기세를 부리는 때이니, 앞으로 전진하며 공정한 사회를 만들 일만 남았다는 뜻이다. 천명을 알아서 수신에 힘쓰고, 주변을 잘 포용하며 함께 행복의 길을 찾아간다는 뜻의 '무겸'이라는 호와 잘 어울리는 계절이다.

현옥 유인자

兪仁子 淑女 雅號 賢玉頌
유 인 자 숙 녀 아 호 현 옥 송

畜土多識 仁子馨하니
축 토 다 식 인 자 형

居德善俗 賢玉炅이라
거 덕 선 속 현 옥 경

閒舟載物 尋好處러니
한 주 재 물 심 호 처

幸得其地 福孫英이라
행 득 기 지 복 손 영

甲辰 大壯月 乾元
갑 진 대 장 월 건 원

1955년생
경기도행정직공무원

兪仁子 淑女 雅號 賢玉頌

유인자 숙녀의 아호 현옥을 칭송함

'어질 현, 덕행이 뛰어날 현, 착할 현' 자에 '옥 옥, 구슬 옥, 귀하고 소중할 옥' 자를 쓰니, 지혜 있고 덕행이 뛰어난 소중한 사람, 귀하고 훌륭해서 반짝반짝 빛나는 사람, 어질고 현명하게 판단해서 도와주는 구슬 같은 사람이라는 뜻이다. 옥은 다듬어야 한다. 중국 황제의 상징이 된 '전국지새(傳國之璽)'도 처음에는 옥처럼 생긴 돌멩이라고 무시당하다가, 잘 다듬고 좋은 글자를 새기자, 온 세상 사람들이 존경하며 그 명령을 따르는 황제의 옥새가 되었다.

사람은 자신을 알아주고 이끌어주는 사람을 만나야 쓸모 있게 되고 귀하게 된다. 더구나 '어질 현' 자가 붙으면, 언제 어떤 상황에서도 당황하지 않고 주변을 차근차근 살펴서 빛나게 하는 지혜로운 옥이라는 뜻이 더 보태진다. 나는 나를 인정해주는 사람, 나의 가치를 알아주는 장소에서, 더욱더 반짝이며 빛남으로써, 그 사람과 그 장소를 더욱 값지게 만들어주고, 더욱더 빛나고 환하게 만들어주는 사람이다. 또 그렇게 되도록 노력하는 사람이다.

畜土多識 仁子馨하니

흙을 두텁게 모으고 교양을 쌓아 어진 종자에 향기가 나니

유인자 숙녀의 이름을 '축토다식 인자형'으로 풀었다. '인'은 천지인의 기운이 고르게 담겨 있어서, 언제 어디서나 무엇이든 될 수 있는 씨앗노릇을 한다. 거기에 '종자 자, 아들 자' 자가 보태

지면, 크고 훌륭한 종자라는 뜻이 된다. 그런데 아무리 크고 훌륭한 종자라도, 주변 환경이 좋아야 하고 또 스스로 노력해서 환경에 잘 적응해야 싹이 트고 크게 자랄 수 있다. '축토'는 나에게 유리한 환경을 만드는 것이고, '다식'은 지식을 많이 쌓아서 훌륭하게 적응하는 것이다. '축토'하고 '다식'하니 종자에서 좋은 향기가 난다. 발아할 준비가 다 된 것이다.

居德善俗 賢玉炅이라

덕을 베풀고 주변을 잘 가꾸어서 현옥으로 빛나네

'거덕'은 살려주고 위해주며 길러주는 덕을 베풀며 사는 것이고, '선속'은 주변을 교화해서 함께 커나가는 것을 말한다. 크고 훌륭한 종자가 덕을 베풀고 주변을 좋은 환경으로 만들며 커나가니, '현옥'이라는 귀한 보물로 변해가며 더욱 반짝이며 빛나게 된 것이다.

閒舟載物 尋好處러니

한가로운 배에 보물을 싣고 좋은 터를 찾아가더니

'한주'는 한가로이 떠다니는 배이다. 급할 것도 없고 아쉬울 것도 없이 떠다니지만, 그 안에 소중한 보물 현옥을 싣고 있는 것이다. 현옥의 가치를 알아주는 사람이 살고, 현옥의 지혜와 능력을 빛나게 할 장소를 찾아 떠다니는 것이다.

幸得其地 福孫英이라

다행히도 딱 맞는 터를 얻어 복 받는 자손이 꽃을 피우네

다행히도 그런 땅을 발견했다. '인'의 종자를 더욱 빛나고 반짝이게 할 현옥! 그 현옥의 참가치를 알아서 빛을 발하게 할 사람을 찾았고, 뿌리 깊이 내리고 살아갈 터전을 찾았다. 나는 이곳에서 현옥이 더 밝은 빛을 내도록 갈고닦으며, 인의 종자가 퍼져서 그 향기가 세상을 덮도록 할 것이다. 그 결과가 나의 자손이다. 나의 자손이 나의 뜻을 이어 '인자'가 되어 세상을 향기 나게 하니 복을 받는 자손이 된 것이고, 나는 그들 모두 '현옥'이 되어 세상을 더욱 반짝이며 빛나게 할 수 있도록 노력하며 살아갈 것이다.

甲辰 大壯月 乾元

2024년 음력 2월에 건원 지음

갑진년은 2024년이고, 대장월은 음력 2월로 양이 기세를 부리는 때이니, 앞으로 전진하며 공정한 사회를 만들 일만 남았다는 뜻이다. 천명을 알아서 수신에 힘쓰고, 주변을 잘 포용하며 함께 행복의 길을 찾아간다는 뜻의 '현옥'이라는 호와 잘 어울리는 계절이다.

문덕 이용제

李龍濟 君子 雅號 文德頌
이 용 제 군 자 아 호 문 덕 송

悠悠潛龍 亨濟江하니
유 유 잠 룡 형 제 강

田獲三品 文德昌이라
전 획 삼 품 문 덕 창

巽守正道 吉慶隨하니
손 수 정 도 길 경 수

有孚攣如 隣友康이라
유 부 연 여 린 우 강

甲辰 大壯月 乾元
갑 진 대 장 월 건 원

1957년 진천출생
전기공학사 경영학 석사
봉화로타리크럽회장
청년유도회 회장
우석대 산업체전문교수
중앙전설 대표(92년~현재)

李龍濟 君子 雅號 文德頌

아용제 군자의 아호 문덕을 칭송함

'글 문, 무늬 문, 곱게 채색할 문' 자에 '큰 덕 덕, 어진 사람 덕' 자를 쓰니, 나의 덕을 밝힌 뒤 주변 사람의 덕을 아름답게 밝히는 사람, 내 주변 사람들을 칭송하고 공을 세우게 해서 아름답게 잘 꾸미게 하는 덕이 있는 사람이라는 뜻이다.

문덕은 꾸미는 덕이다. 나를 꾸미고 주변을 꾸며서 더 값지게 만드는 덕이다. 대개의 사람은 자기만 꾸미기에 바쁘지만, 나는 주변 사람들도 실제 보다 더 값나가게 보이고 더 아름답게 보이도록 가꾸며 칭송해준다. 그래서 점점 더 많은 사람들이 나의 꾸밈을 받고 값지고 행복한 삶을 살고자 모여든다. 나는 이들을 받아들여 함께 꾸미는 인생을 연다. 나는 주변사람들이 행복하기를 바라고, 그들이 활기찬 삶을 누리기를 원한다. 나의 도움이 조금이라도 그들에게 보탬이 된다면, 언제든 기분 좋게 도와줄 용의가 있다. 나는 그런 사람이고 앞으로도 그렇게 노력해 나가고자 하는 사람이다.

悠悠潛龍 亨濟江하니

유유자적 노닐던 용이 강을 건넘에 형통하게 되니

이용제 군자의 이름을 '유유잠룡 형제강'으로 풀었다. 평소에는 유유하게 물속에서 노니는 용이었다. 그런데 뜻한바 있어서 강 밖으로 나오니 하는 일마다 형통하게 되었다. 강을 건너는 것은 모험이 따르는 어렵고 힘든 일이다. '형제강'은 힘들게 강을 건넜고, 건넘으로써 새로운 세상을 맞아 형통하게 되었다는 뜻이다. 강을 건널 생각을 안하고, 그 안에서 노니는 것만 즐기다가, 생각한 바 있어서 큰 결심을 하고 강을 건너고 육지로 나오고 하늘로 오른 것이다.

田獲三品 文德昌이라

사냥해서 삼품의 공을 세우니 문덕이 아름다워지네

중풍손괘 4효의 효사와 풍천소축괘의 대상전의 글을 합한 글귀이다. '전획삼품'은 사냥한 목적을 이루었다는 말이다. 첫 번째 목적은 조상님께 제사지낼 제물을 얻는 것이고, 두 번째는 임금님과 신하들이 먹으며 화합하는 것이고, 세 번째는 손님을 대접하는 것이다. 풍성하게 잡아서 각자의 목적에 맞게 쓴 것이다. 그러니 사냥을 잘한 사람의 공이 빛나고, 고기를 잘 말려서 제사를 지내는 공, 요리를 잘해서 칭찬을 듣는 사람의 공, 손님 접대를 잘한 사람의 공이 생기고, 그들에게 적절한 논공행상을 하니 이용제 군자의 문덕이 빛나게 되는 것이다. 잠룡이 강을 건너와서 사람들 모두 공을 세우게 하니, 문덕이라는 호칭을 얻게 된 것이다.

巽守正道 吉慶隨하니

공손하게 바른 도를 지킴에 길한 경사가 따르게 되니

사람들의 문덕을 빛나게 하였지만, 나의 공을 드러내지 않고 겸손하게 바른 길을 지키며 사니, 저절로 칭찬과 복이 넘치게 되는 것이다.

有孚攣如 隣友康이라

이심전심으로 끌어줌에 이웃 친구들이 모두 평안해지네

내가 문덕을 밝히며 그들을 아름답게 만들어주니, 이웃이 모두 나를 굳게 믿고 따르게 되었다. 조금치의 의심도 없이 믿고 따르며 서로를 위해주니, 마음도 편하고 몸도 편하게 된 것이다. 사람이 태어나서 이보다 좋은 일은 없다. 이웃과 행복하게 살면서 서로를 칭찬하고 북돋아주며 편안한 삶을 살게 된 것이다.

甲辰 大壯月 乾元

2024년 음력 2월에 건원 지음

갑진년은 2024년이고, 대장월은 음력 2월로 양이 기세를 부리는 때이니, 앞으로 전진하며 공정한 사회를 만들 일만 남았다는 뜻이다. 천명을 알아서 수신에 힘쓰고, 이웃사랑에 앞장서며 편안하게 해준다는 뜻의 '문덕'이라는 호와 잘 어울리는 계절이다.

가산 이상백

李相伯 君子 雅號 佳山頌
이 상 백 군 자 아 호 가 산 송

德滿乾坤 生佳山하니
덕 만 건 곤 생 가 산

相伐伯仁 日如繁이라
상 벌 백 인 일 여 번

勞謙君子 萬民服하니
노 겸 군 자 만 민 복

紅顔大笑 前程連이라
홍 안 대 소 전 정 연

壬寅 陽月 乾元
임 인 양 월 건 원

1957 丁酉年 진천生.
동서식품 근무.
진천儒道會 총무.
진천향교 掌議.
가암마을 里長.
자서전 '내인생의 6학년'

李相伯 君子 雅號 佳山頌

이상백 군자의 아호 가산을 칭송함

'아름다울 가, 좋아할 가' 자에 '메 산' 자이니, 수려하고 아름다운 산에 초목과 동물이 잘 자라서 누구나 좋아하는 산이라는 뜻이다. 『주역』 겸괘에 보면, '겸손하면 사람은 물론이고, 하늘도 좋아하고, 땅도 좋아하며, 귀신도 좋아해서 돕는다.'고 하였다. 겸손하기만 하면 뭐든 해결되고 성공한다는 것이다. 그런데 남보다 덕과 능력이 뛰어나야 겸손할 수 있다. 내가 일을 다하고 남보다 능력도 뛰어나서 산과 같이 높아졌지만, 평지보다 낮은 자세로 임하니, 모든 동식물이 앞다퉈 모여들어서 아름다운 산이 이뤄지는 것이다. 나는 겸손해서 많은 사람들이 좋아라 모여들게 하고, 모여든 사람을 반갑게 맞아들여서 모두가 빛나고 아름답게 하는 사람이다.

德滿乾坤 生佳山하니

하늘과 땅에 덕이 가득차서 가산을 만드니

하늘 보다 높고 땅 보다 넓은 덕은 없다. 높고 넓게 덕을 베풀지만 자랑하지 않으니, 사람들이 산처럼 모여들었다. 내가 하는 일도 아름답고 모여든 사람들도 서로 칭송하며 북돋아주니 어찌 아름답지 않겠는가? 그래서 가산이 된 것이다.

相伐伯仁 日如繁이라

인덕 높인 것을 서로 자랑하여 날마다 번성해지네

하늘과 땅의 덕 중에 가장 좋고 멋진 덕이 인의 덕이다. 누구든 살려주고 북돋아주며 칭찬하고 감싸주어 봄을 만드는 덕이다. '백인'은 인덕이 가장 높은 사람으로, 인덕을 행하는 맏형에 해당한다. 또 '상벌'은 서로 자랑하는 것이다. 내가 최고로 높고 큰 인의 마음을 가졌고 그 덕을 베풀었다고 하며 서로 자랑하는 것이다. 이러한 경쟁과 자랑은 아름다운 일이다. 공자님도 인에 있어서는 양보하기를 싫어했다지 않은가! 그렇게 자랑하며 실천하니, 가산이 날마다 번창하는 것이다. 이상백 군자의 이름을 '상벌백인 일여번'으로 풀이하였다.

勞謙 君子 萬民服하니

일을 다하고도 겸손한 군자라 모든 사람이 승복하니

겸괘 구삼효의 말이다. 마침 이상백 군자의 후반부 운이 구삼효에 해당한다. 공자님께서 "수고하고도 자랑하지 않으며, 공이 있어도 덕으로 생각하지 않음이 아주 두터운 겸손한 덕이니, 공로가 있으면서도 사람들에게 자신을 낮춤을 말한 것이다. 덕은 성대할 것을 주장하고 예절은 공손할 것을 주장하니, 겸손하다는 것은 공손함을 이루어 그 지위를 보존하는 것이다."라고 풀이하셨다. 이런 덕을 주변에 베푸니, 모두가 좋다고 따르며 존경하는 것이다

紅顔大笑 前程連이라

붉은 얼굴에 큰 웃음이 앞날에 끝없이 이어지네

'상벌백인'을 해서 '일여번'이 되고, '노겸 군자'를 해서 '만민복'이 되니, 이상백 군자의 앞길에 함박웃음을 지을 일만 생기는 것이다. '홍안'은 남극노인처럼 늙도록 건강하며 근심없는 얼굴을 뜻하고, '대소'는 큰 너털웃음이다. 내가 겸손해서 주변 모두를 아름답게 만들어서 '가산'이 되었으니, 아무 걱정없이 행복하게 살게 되는 것이다.

壬寅 陽月 乾元

2022년 음력 10월에 건원 지음

임인년은 2022년이고, 양월은 곤월坤月이라고도 하는데, 음력 10월은 음이 극성한 달이니, 앞으로 양이 생길 일만 남았다는 뜻이다. 음지를 양지로 만들고, 추운 겨울을 따뜻한 봄으로 만드는 이상백 군자와 잘 어울리는 계절이다.

관행 이상흥

李相興 君子 雅號 盥行頌
이 상 흥 군 자 아 호 관 행 송

日月相興 貞觀照하니
일 월 상 흥 정 관 조

生生萬物 繼成膏라
생 생 만 물 계 성 고

盥而不薦 慈仁行하니
관 이 불 천 자 인 행

子子孫孫 福慶兆라
자 자 손 손 복 경 조

甲辰 夬月 乾元
갑 진 쾌 월 건 원

- 59년 진천 출생
- 행정학박사(2010 천안 호서대)

李相興 君子 雅號 盥行頌

이상흥 군자의 아호 관행을 칭송함

'손을 씻을 관, 세수할 관, 세숫대야 관' 자에 '행실 행, 다닐 행, 쓰일 행' 자이니, 제사지낼 때 손을 씻고 제사 상 앞에서 천신을 하기 전의 조심하고 존경하며 외경하는 마음으로 행실을 하는 사람, 항상 공경하고 조심하는 마음으로 행동하는 사람이라는 뜻이다.

풍지관괘에서 "손을 씻고 제사를 올리지 않았을 때 같이 공경하는 마음으로 있으면 믿음이 있어서 아랫사람들이 모두 우러러 볼 것이다"라고 하였다. 나는 세상에 태어나서 경험도 풍부하고 지식도 많지만 조심조심 살고, 혹여 나의 말 한마디 행실 하나라도 잘 못 되지 않았을까를 늘상 반성하며 사는 사람이다. 또 세상을 바로 보고, 자세히 보고, 인자한 마음으로 보려고 노력하는 사람이다.

日月相興 貞觀照하니

해와 달이 번갈아 서로 떠서 항상 보여주며 밝히니

이상흥 군자의 이름을 '일월상흥 정관조'로 풀었다. 해만 있으면 하루가 너무 덥고, 달만 있으면 너무 어둡고 춥게 된다. 해와 달이 번갈아 비춰주어야 온전한 하루가 되는 것이다. 그래서 더웠다 추웠다 하고, 밝았다 어두웠다 하며 늘상 비추고 보여주며 밝혀주어야 하는 것이다. 이상흥 군자가 때로는 양이 되어 활기차게 움직이고, 때로는 음 노릇을 하며 배경이 되어 다른 사람을 돋보이고 빛나게 한다. 해와 달같이 음과 양의 역할을 달리

관행 이상흥

하며 주변을 편안하게 만드는 것이다.

生生萬物 繼成膏라

만물이 생하고 생해서 이어가며 살찌고 기름지네

우주의 가장 큰 욕망은 영원히 사는 것이다. 풀이 1년만 사는 것 같지만, 그 씨앗이 보관되고 자라서 다음 해도 또 그 다음해도 영원히 존재하며 생기 넘치게 한다. 이것 모두 해와 달이 번갈아 역할을 하기 때문에 가능한 일이다. 계사전에 "한 번 음하고 한 번 양하는 것을 도라고 말하니, 잇는 것은 선(善)이고 이루는 것은 성(性)이다."라고 했다. 음과 양이 번갈아 가며 주인공이 되어 활동하는 것이 이 세상을 운행하는 법칙이다. 이 법칙을 잘 잇는 것이 가장 큰 선행이고, 이 법칙이 이루어지도록 하는 것은 하늘이 부여한 본성이다. 해와 달처럼 강약을 주며 비춰주니, 주변 만물에 생기가 넘치게 되는 것이다.

盥而不薦 慈仁行하니

손을 씻고 천신하지 않을 때의 마음으로 인자하게 기르고 보살피니

이상홍 군자의 '관행'이라는 호을 '관이불천 자인행'으로 풀었다. 제사를 지내려고 손을 씻고 마루로 올라갔다. 절을 한 번이라도 한 뒤에는 마음이 풀어져서 각자 안부를 묻는 등 이런저런 이야기를 하며 긴장이 풀어진다. 하지만 첫 절도 올리지 않았을 때는 경외감으로 가득 차서 긴장하는 것이다. 나는 그렇게 조심하

는 마음으로 사람들을 대하고, 그들이 잘 되도록 인자하게 행하는 '관행'인 것이다.

子子孫孫 福慶兆라

자자손손 대를 잇는 복과 경사의 조짐이네

이상흥 군자가 때로는 해와 달이 되어 비춰주고, 때로는 관행이 되어서 조심하는 마음으로 인자하게 보살핀다. 그래서 모든 사람이 내 앞에 오면 생기가 나고, 기름지고 윤이 나는 얼굴을 하며 행복해 하는 것이다. 상대방의 장점을 알아주고 배려해서 그 마음을 얻으며, 사람에게 꼭 필요한 방법과 재물을 써서 잘 보살펴 주니, 그런 행실은 자식을 비롯한 후손들이 다 잘되게 하는 것이다.

甲辰 夬月 乾元

2024년 음력 3월에 건원 지음

갑진년은 2024년이고, 쾌월은 음력 3월로 양이 기세를 부리는 때이니, 앞으로 전진하며 공정한 사회를 만들 일만 남았다는 뜻이다. 천명을 알아서 수신에 힘쓰고, 주변의 뜻을 잘 배려하고 포용하며 함께 행복의 길을 찾아간다는 뜻의 '관행'이라는 호와 잘 어울리는 계절이다.

포겸 이석진

李碩璡 君子 雅號 包謙頌
이석진 군자 아호 포겸송

久居德村 包謙具하니
구거덕촌 포겸구

聚人共心 碩璡就라
취인공심 석진취

裒多益寡 平施稱하니
부다익과 평시칭

休命當年 天京祐라
휴명당년 천경우

黃豕 立春 乾元
황시 입춘 건원

無爲自然

李碩璡 君子 雅號 包謙頌

이석진 군자의 아호 포겸을 칭송함

'감쌀 포, 꾸러미 포, 보따리 포' 자에 '겸손할 겸, 공손할 겸, 덜 겸' 자이니, 공손하고 겸손함을 감싸는 사람이라는 뜻이다. 『주역』 겸괘에 보면, '겸손하면 사람은 물론이고, 하늘도 좋아하고, 땅도 좋아하며, 귀신도 좋아해서 돕는다.'고 하였다. 겸손하기만 하면 뭐든 해결되고 성공한다는 것이다. 그렇다면 겸손하다는 것은 무엇인가? 자기 덕을 다른 사람의 아래에 두고, 귀한 신분이 천한 신분의 아래로 내려가는 것을 겸손하다고 했으니, 겸손할 실질이 없는 사람은 애초에 겸손할 수도 없다. 남보다 덕과 능력이 뛰어나야 겸손할 수 있는 것이다.

'포겸'은 두 가지 뜻이 있다. 하나는 나의 속마음이 겸손으로 똘똘 뭉친 사람이라는 뜻이고, 또 하나는 겸손한 사람들을 다 포용할 수 있는 사람이라는 뜻이다. 이 두 번째 뜻 역시 내가 겸손할 수 있어야 가능하다. 『도덕경』에 "上善은 물과 같다."고 하였다. 나는 겸손한 사람이고, 또 세상 모든 것의 밑으로 내려가서 그들을 받아들이고자 노력하는 사람이다.

久居德村 包謙具

덕촌에 오래 기거하여 온갖 겸손을 포용하는 덕을 갖추니

'덕촌'은 덕을 높이고 크게 만든 사람이고, 덕 있는 사람들의 마을이며, 덕을 베풀며 사는 사람들의 모임이다. 주역의 대가이신 대산선생님께서 '덕촌'이라고 호를 지어주셨으니, 큰 덕이 있는 사람이라는 것을 알아보신 것이다. 덕촌에서 덕을 기르며 덕 있는 사람들을 만나 교류하며 덕을 높였으니, 이제 세상의 모든 덕을 다 포용할 수 있는 사람이 되었다. 그래서 '포겸'이라는 호가 생긴 것이다.

聚人共心 碩璡就

모여든 사람들이 한 마음으로 큰 보물을 만드네

덕 있는 사람에게는 그를 흠모하며 따르는 사람이 모이기 마련이다. 모여든 사람들이 모두 한 마음으로 찬양하며 힘을 모으니, 그 마을이 빛이 나고 밝아져서 저절로 소문이 퍼졌다. '석진'은 이석진 군자의 새로 고친 이름이기도 하고, 덕 있는 사람들의 마음이 모인 보물이기도 하다. '클 석' 자에 '구슬 진'을 썼으니, 그 자체가 큰 보물이다. 원래도 밝게 빛나는 구슬이었는데, 사람들이 힘을 모아 이제 누구나 인정하는 밝고 큰 보물이 된 것이다.

裒多益寡 平施稱

많은 것을 덜어 적은 곳에 더하며 그릇대로 골고루 나누어 주니

겸괘 대상전에 공자님께서 " 군자는 많은 것을 덜어 적은 데 더해서, 물건을 저울질하여 베풂을 고르게 한다(裒多益寡 稱物平施)."고 했다. 이석진 군자가 덕을 실천해서 성인(聖人)의 말씀대로 된 것이다. 큰 보물을 나 혼자 독차지 하겠다고 한 것이 아니라, 모두에게 필요한 만큼 나누어 주는 것이다.

休命當年 天京祐라

아름다운 천명이 내리는 해에 하늘이 크게 도우리라

'부다익과 칭물평시'를 하는 순간, 나는 하늘과 한 마음 한 몸이 되고 성인과 한 마음 한 몸이 되었다. 하늘과 한 몸이 되고 성인과 한 몸이 되었으니, 하늘의 마음이 그대로 전해진다.

'경우'는 이석진 군자의 이전 이름이다. 그 이름의 뜻이 '크게 돕는다'인데, 이전의 호와 이름 그리고 지금의 호와 이름이 하나로 융합하여 큰 복을 가져오는 것이다.

黃豕 立春 乾元

2019년 입춘에 건원 지음

'황시'는 기해년을 풀어 놓은 것이니 서기로 2019년이다.

형옥 이수정

李受姃 淑女 雅號 亨玉頌
이 수 정 숙 녀 아 호 형 옥 송

姮娥得天 久照光하니
항 아 득 천 구 조 광

大地受姃 亨玉成이라
대 지 수 정 형 옥 성

運來咸五 能稱號하니
운 래 함 오 능 칭 호

感應祇神 桂樹榮이라
감 응 지 신 계 수 영

庚子 小滿 乾元
경 자 소 만 건 원

궁즉변 변즉통 통즉구
궁하면 변하고 변하면 통하고 통하면 오래간다고 합니다.
주역을 배우며 변해가고 있는 형옥 이수정입니다.

李受姃 淑女 雅號 亨玉頌

이수정 숙녀의 아호 형옥을 칭송함

'형통할 형, 올릴 향, 제사지낼 향' 자에 '구슬 옥, 귀할 옥, 아끼고 소중하게 여길 옥' 자를 쓰니, '형통한 구슬, 아끼고 소중하게 여길 보물을 신을 모시는 제사상에 올림'의 뜻이 된다. 나에게는 남몰래 키워온 내 뜻을 펼칠 수 있는 소중한 보물이 있고, 또 유사시에는 그 보물을 신에게 바치며 소원을 빌 수도 있다. 그 보물은 여의주도 되고, 다른 소중한 것과 바꿀 수도 있는 보물 중의 보물인 것이다. 나는 그 보물을 갖고 있으며, 계속해서 더욱 큰 보물로 길러나갈 것이다.

姮娥得天 久照光하니

항아가 하늘에 떠서 오랫동안 밝게 비춰주니

항아는 월궁의 주인으로 달의 신선 즉 월선(月仙)이다. 한 때는 하늘나라 제일의 미인이었고, 훌륭한 남편의 사랑받는 아내로 모든 사람의 부러움을 받았다. 하지만 남편을 배신한 죄로 서왕모에게 미움을 받아 달나라로 유배가게 되었다. 훗날 반성하는 마음으로 자신을 갈고 닦아 빛남을 머금게 되었다. 스스로 빛이 나고 단정하게 되니, 저절로 하늘의 도움을 받게 되어 세상을 밝게 비춰주는 공을 이루게 된 것이다.

大地受娅 亨玉成이라

대지가 단정한 기운을 받아 형옥을 이루네

항아가 자신을 반성하며 갈고 닦아 얻은 빛으로 대지를 비춰주니, 대지가 만물의 씨앗을 잉태하게 되었다. 그중에서도 단정한 기운의 정수가 '형옥'이 되었다. 여기서 이수정 숙녀의 이름을 풀이하면서, 동시에 형옥이라는 호와 연결시켰다. 이름과 호가 서로 도와서 성공하게 되는 것이다. 함괘 대상전에 "虛로 受人하느니라."라는 말이 있다. 내 욕심을 비워야, 몸에 가득찬 것을 비워야 다른 것이 들어올 수 있다. 대지가 비워있기 때문에 형옥을 받아들이고 기를 수 있는 것이다.

運來咸五 能稱號하니

운세가 함괘 오효를 얻음에 호를 부를 수 있게 되니

마침 이수정 숙녀가 함괘 오효의 운을 맞았다. 함괘는 하늘과 땅이 교감하는 것이고, 젊은 남녀가 교감하는 괘로, 서로간의 소통을 가장 빠르고 원활하게 하는 괘이다. 이런 운을 그것도 오효로 맞았으니, 자신의 느낌과 마음이 세상의 끝까지 빠르게 전해지는 것이다. 대지가 품은 형옥을 보고 '형옥! 나올 때가 되었어.'하고 부르니, 형옥이 세상을 향해 감응하기 시작한다. 이제 형옥의 뜻을 펴고, 형옥의 효용을 발휘할 때가 된 것이다.

感應祇神 桂樹榮이라

지신이 감응해서 자손을 영화롭게 하네

지신은 땅을 다스리는 신이다. 밖으로 드러나지 못했던 형옥이 뜻을 발할 수 있도록 지신이 도와준다. 항아는 천신이 도와주어서 밝게 비추게 되었고, 형옥은 지신이 도와주어서 땅밖으로 나오게 되었다. 하늘과 땅이 교감하고, 사람과 사람이 교감하고, 남녀가 교감하며 소통한다. 그러니 내 주변이 모두 영화롭게 되고, 특히 나의 분신인 자식도 영화롭게 될 수 밖에 없다. 계수나무는 달나라 옥토끼가 방아를 찧어 약을 만드는 곳이고, 훌륭한 자식을 상징하는 말이다.

庚子 小滿 乾元

2020년 소만에 건원이 짓다

소만은 더위가 본격적으로 시작되는 날이다. 보리를 수확해서 겨울부터 시작한 기근을 해소하며, 동시에 모내기를 시작해서 풍년을 희망해 보는 절기이다. 종즉유시(終則有始)의 절기인 셈인데, 형옥이 땅속에 숨어 자라다가 하늘의 기운과 감응해서 나오는 것과 잘 맞는다.

삼명 이용승

李容昇 君子 雅號 三命頌
이 용 승 군 자 아 호 삼 명 송

牝馬後得 黃裳文하니
빈 마 후 득 황 상 문

能安居中 容昇分이라
능 안 거 중 용 승 분

別有殊道 衛龍車하니
별 유 수 도 위 룡 거

三命寵澤 自天聞이라
삼 명 총 택 자 천 문

金牛 仲秋 乾元
금 우 중 추 건 원

56년 서울 출생.
건축공학 전공.
현업에서 한걸음 물러나서
세상을 바라보는 시야를 넓히고자
경전 공부를 하고 있음.

李容昇 君子 雅號 三命頌

이용승 군자의 아호 삼명을 칭송함

'석 삼' 자에 '명령할 명, 목숨 명, 운수 명' 자를 쓰니, '세 가지 명령을 받아 잘 수행하는 지위가 높은 사람'이라는 뜻이다. 옛날에는 임금이 훌륭한 신하를 제후에 임명하는 것을 삼명이라고 했다. 그러나 지금은 직책, 급여, 명예 및 권한을 주는 것이다. 일종의 전권을 주는 것이기 때문에, 삼명이 갖춰지면 책임지고 소신껏 일을 성공시킬 수 있다.

전체를 볼 줄 아는 중덕은 물론 신의 성실 지모 능력이 갖춰진 사람에게만 주는 명이다. 나는 삼명을 받을 자격이 있는 사람이고, 삼명을 잘 수행해서 일을 성공시키는 사람이며, 또 그렇게 되려고 노력하는 사람이다.

牝馬後得 黃裳文하니

순한 암말이 분수를 지켜 황상의 무늬 생기니

곤괘에 "암말의 바름(牝馬之貞)"이라 했고, "하늘을 잘 이어받아 순리대로 처신하면 항상 이익이 있게 된다(後得하야 主利而有常)."고 했다. 또 육오효에 "참모의 역할에 충실해서 잘 보필하면 크게 착하고 길하다(黃裳이면 元吉)."고 했으니, 이렇게 세 가지 덕을 실천해 나가므로, 모두가 참모로서 또 2인자로서 훌륭하다고 인식하게 된 것이다.

能安居中 容昇分이라

중도로 처신하여 지위가 올라가네

이용승 군자의 이름을 '능안거중 용승분'으로 풀었다. 어떤 일에도 과불급 없이 중을 지키며 전체를 보며 판단하는 덕(능안거중)으로 행세하니, 주변에서 훌륭하고 덕 있는 사람이라고 인정하여 지위와 분수가 높아지는 것이다. '용승'은 이름자이면서 동시에 '승진하여 좋은 직책을 맡는 것을 모든 사람이 용납하고 인정한다'는 뜻이 된다. 이러한 이름과 행동이 바탕이 되어서 '삼명'이라는 호를 받게 된 것이다.

別有殊道 衛龍車하니

특별한 방법이 있어서 임금을 호위하니

중덕만 있는 것이 아니고 탁월한 능력도 있다. '용거'는 임금이 타는 수레이다. 임금이 용거를 타고 온 나라를 순행하며 일처리를 하고 사람을 등용해서 알맞게 쓰는 것이다. 이용승 군자가 남 다른 특별한 재주가 있어서 임금을 잘 보필하여, 임금의 이러한 다스림을 가능하게 하는 것이다.

三命寵澤 自天聞이라

삼명의 총애와 은택이 하늘로부터 들리네

중덕을 발휘하고 탁월한 재주를 발휘하여서 임금을 보필하니, 임금으로부터 삼명이라는 큰 상이 내리는 것이다. 일을 맡으면 일이 잘 되도록 보필하고, 윗사람을 만나면 윗사람이 잘 되도록 보필을 한다. 내가 맡은 일을 성공을 하고, 나와 만나는 사람도 성공을 하니, 그들로부터 극도의 칭찬을 받게 되는 것이다.

金牛 仲秋 乾元

신축년 중추절기에 건원이 짓다

금우는 신축년이고, 신축년은 2021년이다. 신축년의 신이 금이고, 축이 소인 것이다. 중추(仲秋)는 가을의 한 가운데 있는 시원한 계절이다. "더도 말고 덜도 말고 한가위만 같아라."는 말이 있듯이, 재물과 먹을 것이 풍부하고 사람이 살기 좋은 기후라서 인심이 좋은 계절이다. 이때를 맞아서 좋은 결과를 내서 큰 상을 받는다는 뜻의 삼명을 호로 받으니, 이제부터 중추의 기운을 받아 풍성하고 행복해 질 것이다.

형중 이정열

李正烈 君子 雅號 亨中頌
이 정 열 군 자 아 호 형 중 송

小往大來 開泰平하니
소 왕 대 래 개 태 평

正正烈烈 作亨中이라
정 정 열 렬 작 형 중

自餘仁行 无妄覺하니
자 여 인 행 무 망 각

物我一如 日日幸이라
물 아 일 여 일 일 행

壬寅 春分 乾元
임 인 춘 분 건 원

여주출생
동양철학
파동에너지연구가

李正烈 君子 雅號 亨中頌

이정열 군자의 아호 형중을 칭송함

'형통할 형, 제사지낼 형, 올릴 형, 누릴 형' 자에 '맞출 중, 가운데 중, 마음 중' 자를 쓰니, 나와 남을 형통하게 하고, 일이 형통하도록 함에 있어서 시의적절하게 딱딱 맞게 처리한다는 뜻이다.

형통이라는 것은 내가 그렇게 만드는 것이다. 좋은 환경이라면 말할 것도 없고, 안좋은 환경이더라도 시의적절하게 움직이면 형통하게 된다. 그렇게 하는 사람이 형중이다. 어떠한 환경을 만나더라도 시의적절하게 행동하여서 형통하게 만드는 것이다. 나는 그렇게 나와 주변을 형통하게 만드는 사람이고, 또 형통하게 하려고 노력하는 사람이다.

小往大來 開泰平하니

음이 가고 양이 와서 태평한 세상을 여니

주역 지천태괘가 된 것은, 정월달이 되어 음이 나가서 사라져가고 양이 들어와서 힘을 얻기 시작함으로써 열린 것이다. 마찬가지로 지나온 세월동안 활개 치던 음(소인배)이 떠나가고 양(군자)이 나에게로 모여드니, 드디어 나도 태평한 세상을 맞이하게 되었다.

正正烈烈 作亨中이라

바르고 또 바르게 하고 열렬하게 해서 형중을 만들었네

이정열 군자의 이름을 '정정열렬'로 풀었다. 즉 '바르고 또 바르게 하며 열렬(熱烈)하고 치열(熾烈)하게 사는 사람'으로 풀은 것이다. 어렵고 힘든 환경속에서도 바르게 살려고 노력했고, 그러면서도 누구보다도 열렬하고도 치열하게 산 것이다. 그렇게 살다보니 시의적절하게 움직여서 형통하게 이끄는 사람, 즉 '형중'이 되었다. 이름대로 열심히 살다보니, 호를 짓게 되어서 새로운 인생을 살게 된 것이다.

自餘仁行 无妄覺하니

여유있게 하고 어질게 행동하여 무망을 깨달으니

경험이 많고 때를 알아서 움직이는 사람은 여유있기 마련이다. 마음속으로부터 우러나는 여유가 어진 행동을 낳는 것이다. 어진 행동은 천지인 삼재를 모두 배려해서 길러주는 행동이다. 세상이 한마음 한몸이라는 것을 깨달아야 가능하다. 그런 경지가 되면 망령되거나 어처구니없는 실수를 하지 않게 된다.

物我一如 日日幸이라

너와 내가 하나라 날마다 행복해지네

나와 주변이 하나라는 것을 깨달아서, 공연한 욕심을 부리지 않고 공동의 선을 추구한다. 그러므로 날마다 행복하고, 어떤 환경 어떤 사람을 만나거나 행복할 수 있는 것이다.

壬寅 春分 乾元

임인년 춘분에 건원이 짓다

임인년은 서기로 2022년이다. 양이 점차 자라서 드디어 음의 기운과 양의 기운이 같아지며, 낮과 밤의 길이가 같아진다는 춘분이 되었다. 이제까지 음(소인배)이 기승을 부리다가 이제 막 기세가 꺽이기 시작한 것이다. '정정열렬 작형중'의 기상에 잘 어울리는 절기라고 할 것이다. 양의 커지는 기운을 받아 힘차고 행복하게 나아갈 것이다.

어룡 이철규

李澈圭 君子 雅號 魚龍頌
이 철 규 군 자 아 호 어 룡 송

謙謙 君子 以自牧이러니
겸 겸 군 자 이 자 목

用涉澈水 得圭福이라
용 섭 철 수 득 규 복

休命當年 魚龍飛하니
휴 명 당 년 어 룡 비

利祿榮家 佳音屬이라
이 록 영 가 가 음 촉

甲辰 螢月 乾元
갑 진 형 월 건 원

- 1956년 충북 진천 출생
- 세종대왕 16대손
- 진천1급자동차정비공장 대표
- 2018년 한국청소년육성회 회장 역임
- 2013년 국토교통부장관 표창
- 2019년 진천군수 표창
- 2024년 충청북도지사 표창

사진은 유네스코 세계무형유산 종묘대제 2015년 5월 3일 참석

李澈圭 君子 雅號 魚龍頌

이철규 군자의 아호 어룡을 칭송함

'물고기 어, 잉어 어' 자에 '용 룡' 자를 쓰니, 용이 되기 위해서 덕과 능력을 닦는 커다란 잉어라는 뜻이다. 중국의 황하 입구에는 하진(河津)이라는 물살이 아주 거센 여울목이 있다. 이곳을 통과하는 물고기는 용이 된다고 해서, 하진을 '용문(龍門)'이라고도 부르고, 높이 솟아야 통과 할 수 있다고 해서 '오를 등, 용 룡, 문 문'을 써서 '등용문'이라고도 한다. 이 여울목을 뛰어넘는 순간 하늘에서도 감응하여 천둥번개를 치는데, 이 번갯불에 잉어의 꼬리가 타서 없어지면서 용의 형태를 갖추고, 제일 좋은 기운을 엉기게 해서 천지변화를 주관하는 용이 되게 하는 것이다.

옛 도인들은 "용함보주(龍銜寶珠:용이 여의주를 물고 있을 때는) 유어불고(游魚不顧:주변의 물고기에 신경 쓰지 않는다)"라고 하였다. 장부가 큰 꿈을 꾸고 있을 때는 자잘한 일에 신경을 쓰지 않는다는 것이다.

나는 자유자재하고 큰 덕을 베푸는 '용'이 되려고 노력하는 사람이므로, 마음을 넉넉하게 먹고 자잘한 이익에 일희일비하지 않으며, 큰 길로 당당하게 나설 것이다. 능력 있고 명예로운 사람이 되도록 성실하게 노력할 것이고, 그 덕으로 주변을 빛나게 하고 이롭게 할 것이다.

謙謙 君子 以自牧이러니

겸손하고 겸손한 군자라 스스로를 기르더니

겸손하면 모든 사람이 좋아할 뿐만 아니라 귀신도 좋아하며 힘을 보탠다. 또 능력과 지위가 있는 사람이 겸손할 수 있는 것이지, 힘도 없고 지위도 낮은 사람은 겸손할 수가 없다. 내가 덕과 능력을 갖췄으면서도 겸손하니 많은 것을 배울 수 있고, 주변 사람의 호의적인 마음이 나한테 쏠리니 점점 더 지위가 높아지고 능력이 커지며 부유롭게 되는 것이다.

用涉澈水 得圭福이라

힘써 맑은 물을 건넘에 규복을 얻었네

이철규 군자의 이름을 '용섭철수 득규복'으로 풀었다. '철수'는 맑고 시원한 물이다. 황하의 탁한 물을 지나서 상류의 맑은 물까지 건넌 것이다. 그러니 '홀(규)'을 얻는 복을 받게 된 것이다. '홀'은 임금 앞에 나설 때 벼슬이름을 적은 옥으로 만든 표식이다. 이철규 군자가 겸손한 마음으로 성실하게 살면서 덕과 능력을 길렀고, 마지막 관문을 통과해서 인정받았으므로 그것을 인정해주는 홀을 받는 복을 누리는 것이다.

休命當年 魚龍飛하니

아름다운 명이 오는 해에 어룡이 날으니

어느 좋은 때에 하늘에서 "너의 역할을 다하라"는 명령이 내린 것이다. 그래서 하늘로 승천해서 비바람을 부리는 직책을 맡았다. '어룡'이라는 호를 받게 되어 세상의 호수(號數)에 참여한 것이고, 주변에 비바람을 내림으로써 사람들에게 축복을 내리며 논공행상을 하는 것이다.

利祿榮家 佳音屬이라

녹을 이롭게 하고 집안을 영화롭게 하니 아름다운 말이 이어지네

'녹'은 나의 직책을 다하고 받는 보수이다. 주변의 칭찬을 받고 존경을 받고 덤으로 부유해지는 것이다. 내가 이런 복을 누리니 가문이 영광스러워하며 잘되고, 그래서 '축하한다, 존경한다, 덕분에 행복하다'는 아름다운 말이 계속해서 들리는 것이다.

甲辰 螢月 乾元

2024년 음력 6월에 건원 지음

갑진년은 2024년이고, 형월은 음력 6월로 반딧불이가 빛을 밝히기 시작한다고 해서 붙은 이름이다. 주역의 괘로는 천산돈괘에 해당하므로, 음이 두 개나 자라 올라와서 양이 서서히 물러날 준비를 하는 때이다. 이럴 때에 나의 몸과 마음을 성실하게 닦으며 훌륭한 사람이 되라고 하는 '어룡'이라는 호를 얻었으니, 계절과 어울려 좋은 결실을 이룰 것이다.

용귀 이현규

李賢圭 君子 雅號 用龜頌
이 현 규 군 자 아 호 용 귀 송

賢德君子 得玉圭하니
현 덕 군 자 득 옥 규

納約自牖 行用龜라
납 약 자 유 행 용 귀

節以制度 懿德行하니
절 이 제 도 의 덕 행

滿園桃李 結實貴라
만 원 도 리 결 실 귀

甲辰 大壯月 乾元
갑 진 대 장 월 건 원

89년 건국대졸(축산대 낙농학과)
뉴질랜드 데어리보드 지사 외 국내외 식품/기계 회사 근무
주역 외 각 술수학등 수학

李賢圭 君子 雅號 用龜頌

이현규 군자의 아호 용귀를 칭송함

'쓸 용, 베풀 용, 등용할 용' 자에 '거북 귀, 거북점 귀' 자이니, 거북의 신령스러움을 써서 주변 사람들을 행복으로 이끄는 사람, 신의 뜻을 받들은 거북점처럼 딱딱 맞는 선견지명이 있는 사람이라는 뜻이다. 거북점에 쓰이는 신령스런 거북은, 음식을 먹지 않고 공기만을 마시며 살아간다고 한다. 평소 호흡에 전념해서 신령스러움을 기르고, 그 신령스러움으로 일의 성패와 진위를 구별해서 인간을 인도하는 것이다. 나는 도학을 공부해서 나의 영대(靈臺)를 기르고, 사람들이 좋은 길로 가서 행복해지도록 안내를 하며, 노력한 만큼 성공해서 기쁨을 누리도록 하는 사람이고 또 그렇게 되도록 노력하는 사람이다.

賢德君子 得玉圭하니

어진 덕이 있는 군자가 훌륭한 직책을 얻으니

이현규 군자의 이름을 '현덕 군자 득옥규'로 풀었다. '규'는 벼슬과 직책을 나타내는 홀이고, 홀을 얻었다는 것은 사명을 부여받고 직책을 수행한다는 뜻이다. 또 '옥'은 좋고도 훌륭하며 귀하다는 뜻이다. 이현규 군자의 이름대로 덕을 넓히고 키워서 훌륭한 사람이 되니, 아주 귀하고 높은 홀을 얻게 된 것이다.

納約自牖 行用龜라

상대방이 좋아하는 것부터 말해서 틀림없이 성공하네

'유'는 창이다. 창은 빛을 통하게 해서 사방이 막힌 방을 환하게 만든다. 마음에 콘크리트담을 쌓은 사람도 창을 통하면 안과 밖을 통하게 할 수 있다. 창은 나와 막힌 사람을 연결해주고, 나와 우주를 연결해주는 조그만 구멍이다. 나는 이 창문을 이용해서 꽉 막힌 사람들과 소통을 하고, 내 앞길이 꽉 막혀보이더라도 창을 통해 세상을 살펴서 하나로 잇는다. '납약자유'는 바로 이 창으로부터 간략한 술과 안주를 안으로 들인다는 뜻이다. 왜 간략하게 들이는가? 상대방이 부담 없고 경계하는 마음이 들지 않도록 하기 위해서이다. 술과 안주는 무엇인가? 상대방의 취미, 좋아하는 것, 예뻐하는 것, 자랑스러워 하는 것 등등이 바로 술과 안주로 상징되는 물건이다. 내가 하고 싶은 말은 나중에 하고, 상대방이 자랑하고 싶은 말부터 듣고 또 듣기 좋고 부담스럽지 않은 말부터 말문을 여는 것이다. 그러면 신령한 거북이 옳다고 하듯이, 상대방과 소통해서 마음을 하나로 화합할 수가 있는 것이다. 그것이 바로 신령스런 거북을 써서 나의 뜻을 이루게 하는 '용귀'의 방법'이다.

節以制度 懿德行하니

절제하는 마음으로 제도를 만들어 덕행을 아름답게 하니

이글은 주역 절괘의 단전과 대상전에 나오는 글이다. 제도는 무엇인가? 사람이 사는 규칙과 방법을 만들고 유용한 물건을 만드는 것이다. 사람에게 요긴한 방법을 만들고 쓰되, 절제하고 아끼는 마음으로 하니 사람이 다치지 않고 재물이 절약되게 된다. 그러므로 이현규 군자의 덕이 크고 높아지고, 그 행실이 아름다워지는 것이다.

滿園桃李 結實貴라

뜰 앞에 아름답게 핀 꽃이 알알이 귀한 결실을 맺네

'복숭아와 자두'는 아름다운 후손이다. 내가 낳고 기른 후손들이 모두 알찬 열매를 맺는다. 이현규 군자가 덕을 길러 사람을 길러줄 수 있는 훌륭한 직책을 얻고, 상대방의 장점을 알아주고 배려해서 그 마음을 얻으며, 사람에게 꼭 필요한 방법과 재물을 써서 인심을 얻으니, 자식을 비롯한 후손들이 다 잘되는 것이다.

甲辰 大壯月 乾元

2024년 음력 3월에 건원 지음

갑진년은 2024년이고, 대장월은 음력 3월로 양이 기세를 부리는 때이니, 앞으로 전진하며 공정한 사회를 만들 일만 남았다는 뜻이다. 천명을 알아서 수신에 힘쓰고, 주변의 뜻을 잘 배려하고 포용하며 함께 행복의 길을 찾아간다는 뜻의 '용귀'라는 호와 잘 어울리는 계절이다.

여형 임용배

林龍培 君子 雅號 與亨頌
임 용 배 군 자 아 호 여 형 송

見善則遷 與亨改하니
견 선 즉 천 여 형 개

龍龜相助 家運培라
용 귀 상 조 가 운 배

剛陽而中 巽悅行하니
강 양 이 중 손 열 행

時熟仙桃 羽衣待라
시 숙 선 도 우 의 대

甲辰 蟬月 乾元
갑 진 선 월 건 원

충남 논산 연무대 출생
용산공고 토목과
토목회사 근무
뜸사랑 정회원

林龍培 君子 雅號 與亨頌

임용배 군자의 아호 여형을 칭송함

‘줄 여, 베풀 여, 함께할 여, 참여할 예’ 자에 ‘형통할 형, 올릴 향, 제사지낼 향’ 자를 쓰니, ‘마음에 맞는 사람과 목적을 같이 하고 노력을 함께 해서 성공하는 사람’ 또는 ‘주변 사람이 형통할 수 있도록 도움을 주는 사람’이라는 뜻이다.

형통하다는 것은 일이 잘 풀린다는 뜻이다. 어떻게 해야 잘 풀리는가? 때에 맞게 움직여야 하고 장소에 맞게 처신해야 한다. 봄이 되면 밭에 나가 씨를 뿌리는 것이 형통한 것이고, 가을이 되면 잘 익은 곡식 앞으로 나가서 추수하는 것이 형통한 것이다. 여름에는 여름옷을 입고 겨울에는 겨울옷을 입는다, 예식장에서는 예복을 입고 작업장에서는 작업복을 입어야 형통하다. 나는 때를 잘 살피고 장소를 잘 선택해서 나를 형통하게 하고, 주변사람들과 함께 그들을 잘 이끌어서 형통하게 하는 사람이고 또 그렇게 되도록 노력하는 사람이다.

여형 임용배

見善則遷 與亨改하니

선한 것을 보면 달려가 배우고 형통함을 주어 고치니

어떻게 해야 이익을 볼 수 있는가? 주역에는 이익을 본다는 뜻의 익괘가 있다. 그 대상전에 ‘다른 사람이 선한 일을 하면 나도 얼른 본받아서 선한 일을 하고, 내게 잘못이 있으면 얼른 고치는 것이 이익을 보는 가장 좋은 방법’이라고 했다. 선한 일을 하는 사람을 보면, 지위도 높고 부유하기도 한 사람이 많다. 그러므로 선한 일을 하는 사람의 행동을 보고 배우면 나도 모르게 부자가 되어 있고 지위가 높게 되는 것이다. 나는 여기에다가 '네가 이렇게 때와 장소에 맞게 행동하면 형통해진다'고 방법을 제시해 고치게 해서 함께 발전한다. 나의 지혜와 경륜을 활용해서 '여형'하는 것이다. 그러니까 '여형'은 나에게도 형통함을 주고, 주변 사람에게도 형통함을 주어서 다 함께 형통하게 사는 것이다.

龍龜相助 家運培라

용과 거북이 서로 도와 집안의 운을 북돋네

임용배 군자의 이름을 '용귀상조 가운배'로 풀었다. 집의 상량문을 보면 처음 글자는 '용' 자를 쓰고 마지막 글자는 '귀' 자를 쓴다. 용과 거북이가 집의 안녕을 지키는 수호신이기 때문이다. 이 두 영험한 수호신이 머리와 꼬리가 되어 서로 도와야 집이 융성하고 튼튼하게 오래간다. 집터로부터 지붕까지 잘 보호하며 튼튼하고 멋있는 집이라는 명예를 줌으로써, 가운을 북돋아 흥성한 집안을 만드는 것이다.

剛陽而中 巽悅行하니

양강하지만 중용을 지키며 공손하고 기뻐하는 마음으로 실행하니

대과괘 단전의 글이다. 임용배 군자의 운에 익괘도 있지만 대과괘도 있는데, 대과괘는 양이 지나치게 많아서 음이 불안해 하는 괘이다. 하지만 강포할 줄 알았던 양이 중용을 지키며 중심을 잡고, 더구나 공손하면서도 조화를 추구하니 불안해 하던 음이 양에게 의지하며 즐거워하는 것이다.

時熟仙桃 羽衣待라

때맞춰 신선의 복숭아 익어서 날개옷으로 대접하네

마침 안사람의 호가 '이선'이다. 무엇이든 잘 듣고 포용하며 배려함으로써 신선의 경지에 도달한 사람이다. 내가 '여형'으로 행동하며 가운을 복돋는 축이 되니, 신선의 복장으로 예절을 갖추며 칭송하는 마음으로 잘 익은 선도 복숭아를 대접하는 것이다.

甲辰 蟬月 乾元

2024년 음력 7월에 건원 지음

갑진년은 2024년이고, 선월은 음력 7월로 매미가 짝을 찾으며 울어대는 때이다. 음의 세력이 점점 커질 때를 맞아서 하루 속히 짝을 찾아 안정된 삶을 찾겠다는 뜻이다. 이럴 때 착한 말과 착한 행동을 하며 주변 사람들에게 형통한 기운을 주어서 행복한 세계를 열어준다는 뜻의 '여형'이라는 호를 얻었으니, 임용배 군자의 좋은 뜻이 잘 이루어질 것이다.

거형 정건희

鄭健熙 君子 雅號 居亨頌
정 건 희 군 자 아 호 거 형 송

中正汗號 健熙明하니
중 정 한 호 건 희 명

多事多難 居中亨이라
다 사 다 난 거 중 형

德修名顯 祖陰祐하니
덕 수 명 현 조 음 우

丈夫前程 一如平이라
장 부 전 정 일 여 평

甲辰 大壯月 乾元
갑 진 대 장 월 건 원

1953년 음성에서 태어남.
1978년~2008년 삼성, 제일제당 정년 퇴임
2008년~2016년 동아원(주) 전무 (現 사조동아원)
강세황전 입선

鄭健熙 君子 雅號 居亨頌

정건희 군자의 아호 거형을 칭송함

'거처할 거, 살 거, 머무를 거, 평소 거' 자에 '형통할 형, 정성껏 드릴 향, 제사지낼 향, 삶을 팽' 자를 쓰니, 평소에 형통하게 되는 방향으로 노력하는 사람, 또는 항상 기도하는 마음으로 성실하게 사는 사람이라는 뜻이다. 주역의 풍수환괘를 보면, '백성의 마음이 흩어져서 국가가 위태로울 때는, 모든 백성의 구심점이 되는 분을 모심으로써 백성의 마음을 모아야 한다'고 하였다. 아무리 어렵고 힘들더라도 먼저 내 마음의 중심을 잡고, 주변 사람들에게 공통의 목표를 일러줌으로써 한 마음으로 뭉치게 하면 해결되는 것이다.

형통하게 하는 방법은 무엇일까? 모두가 만족하고 좋아하는 방향으로 일을 하는 것이다. 다른 사람이 행복해야 나도 행복할 수 있다는 마음으로, 나의 행복과 우리들의 행복을 위해서 성실하게 산다. 그러려면 나의 삶의 목적이 무엇인가를 정해야 하고, 그들이 원하는 것이 무엇인가를 잘 살펴야 하는 것이다. 나는 내 주변의 행복을 위해 기도하는 마음으로 살 것이고, 정성을 다해 노력함으로써 모두가 형통하게 되는 것을 나의 행복으로 여기는 사람이고, 그런 삶을 위해서 부단한 노력을 하는 사람이다.

中正汗號 健熙名하니

중정한 덕으로 열심히 살아 굳건하게 비춰준다는 이름이 나니

'중정'한 덕은 주변을 살펴 배려하며 나의 옳음을 행하는 덕이고, '한호'는 땀이 나도록 노력하면서 주변에 함께 하자고 호소하는 것이다. 이렇게 중정한 덕으로 열심히 사니, 굳건하게 살며 주변을 환하게 비춰준다는 뜻의 '건희'의 명성을 얻게 된 것이다. 정건희 군자의 이름을 '중정한호 건희명'이라는 일곱 글자로 풀었다.

多事多難 居中亨이라

어렵고도 많은 일을 항상 딱 맞고 형통하게 처리하네

정건희 군자가 살아온 세월이 만만치 않다. 풍랑 속에 배가 떠가듯 아슬아슬하고 아찔했던 순간이 많았다. 하지만 항상 적시에 좋은 방법을 써서 일이 잘 풀렸다. 사람들의 목적을 하나로 만들어 모두 열심히 한방향으로 나아가게 만들었고, 그 목적을 이루는 순간 모두 행복하다고 했다. '중정한호 건희명'의 명성은, 항상 모든 일을 형통하도록 만드는 정성에 의해 만들어졌으니, '건희'가 '거형'을 만들고, '거형'이 '건희'를 만든 것이다.

德修名顯 祖陰祐하니

덕을 닦아 이름을 날림에 조상이 은근히 도와주니

조상은 누구를 응원하는가? 현달해서 명예가 높아진 후손을 응원한다. 그래야 조상도 덩달아 명성이 높아지기 때문이다. 정건희 군자가 덕을 닦아서 이름이 유명해졌으니 조상이 돕는 것이다. 내 몸에 내재되어 있는 덕을 잘 닦아서 뜻이 펼쳐지고, 나의 언행에 걸맞는 이름이 현달해졌으니, 당연히 하늘이 돕고 조상이 돕는 것이다.

丈夫前程 一如平이라

장부 앞길이 한결같이 평안하게 되었네

그 정성과 노력을 하늘이 인정하고 조상이 인정한다. 그러므로 앞날이 평안함과 행복함으로 가득 차게 되는 것이다.

甲辰 大壯月 乾元

2024년 음력 2월에 건원 지음

갑진년은 2024년이고, 대장월은 음력 2월로 양이 기세를 부리는 때이니, 앞으로 전진하며 공정한 사회를 만들 일만 남았다는 뜻이다. 모든 일에 성실하게 임하는 정건희 군자와 잘 어울리는 계절이다.

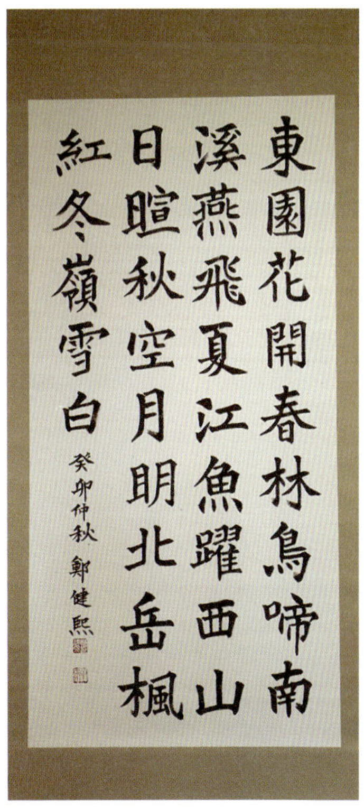

이선 정민자

鄭民子淑女 雅號 耳仙頌
정 민 자 숙 녀 아 호 이 선 송

心溫形端 香桃園이요
심 온 형 단 향 도 원

愛民如子 現耳仙이라
애 민 여 자 현 이 선

隨風誥申 家內平하니
수 풍 고 신 가 내 평

紅顔老人 笑開門이라
홍 안 노 인 소 개 문

壬寅 七夕 乾元
임 인 칠 석 건 원

충남 대덕군 출생
혜화여고
대한사회복지회 근무
요식업 25년차

鄭民子淑女 雅號 耳仙頌

정민자 숙녀의 아호 이선을 칭송함

'귀 이, 싹날 이' 자에 '신선 선' 자를 쓰니, 신선이 되려고 말을 잘 하고 잘 듣는 사람, 또는 신선의 자질을 보이며 싹이 트는 사람이라는 뜻이다. '신선 선' 자를 파자하면 '사람 인人+ 메 산山'이다. 산에서 사는 사람이다. 산은 조용하고 아늑하며 동물과 식물이 고르게 분포하는 안정된 삶터이지만, 이동하거나 다른 사람이 찾아오기는 불편한 곳이다. 그래서 있는 그대로에 만족하고 살아야 한다. 만족하고 살면 행복하고 오래 살 수 있다. 나는 모든 것을 검소하게 쓰고 순리대로 살고자 한다. 한번 말해서 듣지 않으면 두 번 말하고, 세 번 말하며 친절하게 알려주고, 나 역시도 한번에 못 알아들으면 두 번 세 번 알려고 노력해서 서로 소통되고 화평해지기를 노력한다. 그 마음이 얼굴에 나타나 신선의 향기가 나고, 그 마음이 말과 행동에 드러나 사랑으로 사람을 대하니 사람들이 이선이라고 칭송한다. 나는 이선이고, 또 이선이 되려고 노력하는 사람이다.

心溫形端 香桃園이요

마음이 따뜻하고 얼굴이 단정하니 도원의 향기가 나고

마음씀이 따뜻해서 사람들을 편안하게 하고, 몸가짐을 단정하게 해서 사람들의 모범이 될만하니, 정민자 숙녀에게서 무릉도원에서 사는 신선의 향기가 은은하게 나는 것이다.

愛民如子 現耳仙이라

사람들을 자식같이 사랑하니 이선의 덕이 드러나네

정민자 숙녀의 이름을 '애민여자(주변 사람들을 사랑하기를 자식같이 사랑한다)'로 풀었다. 이제껏 '애민여자'하는 마음으로 사니, '마음이 따뜻하고 얼굴이 단정'한 숙녀가 되어서, 모든 사람들이 "아! 이선이구나!"하고 존경하게 되었다. '이선'으로 커나갈 싹이 드러나게 되어서 호를 받게 된 것이다.

隨風誥申 家內平하니

바람이 거듭 불어 좋은 말을 알려줌에 집안이 평안하니

'수풍'은 바람이 연이어 분다는 뜻이고, '고신'은 뜻을 펼 수 있도록 좋은 말로 알려준다는 뜻이다. 말을 하고 들을 때 한번에 알아듣지 못할 때가 있다. 그럴 때는 차분히 방법을 바꿔가며 잘 설명하고 들어야 한다. 서로 소통이 되어 상대방의 마음을 알게 되면 모두가 조화롭게 되고, 모두가 즐거운 마음이 된다. 나의 가정뿐만 아니라 주변 모두가 화평해지는 것이다.

紅顔老人 笑開門이라

붉그레한 얼굴의 노인성이 웃으며 문 열어주시네

남극노인성은 사람들의 수명을 늘리고 복을 주시는 덕 높은 큰 신선이므로, 임금님을 비롯해서 모든 사람들이 평생 한번이라도 보았으면 하고 간절히 소망한다. 항상 술이 취한 듯 붉은 얼굴에 아이같은 웃음을 짓고 있다. 그런 노인성이 이선의 덕행을 알아보고 웃으며 맞이하는 것이다.

壬寅 七夕 乾元

임인년 칠월칠석에 건원이 짓다

임인년은 2022년이다. 칠석은 견우와 직녀가 만나 1년간의 회포를 푸는 날이다. 이때로부터 하늘의 해와 달 별들이 새로운 기운을 받아 새롭게 반짝이는 좋은 날이다. 이날을 맞아 이선이라는 호를 받으니, 마음이 새롭게 빛나며 이선의 행복을 맞이하게 되는 것이다.

화행 정상민

鄭尚旻 君子 雅號 和行頌
정 상 민 군 자 아 호 화 행 송

履以和行 尚旻情이니
이 이 화 행 상 민 정

人人相助 事必成이라
인 인 상 조 사 필 성

名利漸漸 花爭開라
명 리 점 점 화 쟁 개

堂上持權 酌重輕이라
당 상 지 권 작 중 경

甲辰 蟬月 乾元
갑 진 선 월 건 원

2006년 서울 디지텍고등학교 졸업
2012년 단국대 응용물리학과(부전공 영문학과) 졸업
2025. 2. (예정) 서울디지털대 경찰학과 졸업
- 태안해양경찰서(경장) 근무
- 평택해양경찰서 (경사) 근무중

鄭尙旻 君子 雅號 和行頌

정상민 군자의 아호 화행을 칭송함

'조화를 이룰 화, 합할 화' 자에 '갈 행, 운행할 행' 자이니, '일을 조화롭게 하고, 사람과 원만하게 교제하며, 주변에 기쁨을 만들어주는 사람'이라는 뜻이다.

'화'는 '중화(中和)'의 화이다. 중용에 "기쁘고 성내고 슬프고 즐거운 마음이 일어나 표현되기 전을 '중(中)'이라 하고, 표현한 것이 모두 절도에 맞는 것을 '화(和)'라고 한다. 그러니 '중'이라는 것은 천하의 큰 근본이고, '화'라는 것은 천하에 모두 통하는 방법이며 길이다. '중'과 '화'를 지극히 이루면, 하늘과 땅이 제자리를 잡고 만물도 제대로 길러질 것이다."라고 했다. 그러므로 '화행'은 나의 감정을 잘 절제해서, 첫째는 내 마음을 편안하게 하고, 둘째는 주변사람들과 다투지 않는 것이다. '화행'을 잘하면 윗사람과 아랫사람의 질서가 잡히고, 주변의 모든 사람이 행복하게 자신의 길을 가게 되는 것이다. 나는 '화행'을 해서 모두를 행복하게 하는 사람이 될 것이고, 또 그렇게 살려고 노력을 할 것이다.

履以和行 尙旻情이니

예절 지키며 잘 어울리며 사는 것은 하늘을 숭상하려는 뜻이니

정상민 군자의 이름과 호를 '이이화행 상민정'으로 풀었다. '상민'의 마음은 '이이화행'에 있고, '이이화행'하는 것이 '상민'의 뜻이라는 것이다. '밟을 리, 이행할 리'는 하늘의 뜻에 따라 움직이

화행 정상민

는 것을 뜻한다. 하늘이 무슨 뜻이 있기에, 그 뜻대로 움직이면 예절에 맞는다고 한 것인가? 낮이 되면 일하고 밤이 되면 쉬라는 뜻이 있으니, 그대로 하면 예절에 맞고 반대로 살면 예절에 어긋난다. 또 봄이 되면 씨를 뿌리고 가을에는 수확하라는 뜻이 있으니, 그대로 따르면 예절에 맞아서 성공하고 그렇지 않으면 실패하는 것이다. 예절에 맞게 살면 그것이 '화행'이다. 모두가 좋아하고 기뻐하며 행복해지는 것이다. 마침 정상민 군자의 이름이 '숭상할 상' 자에 '하늘 민, 가을하늘 민' 자이다. 하늘을 숭상한다는 뜻이다. 계사전에 "예절을 지키는 리괘(☲)를 본받아서 '화행'을 한다(이이화행)."고 했으니, 이름의 뜻하고 잘 맞는다.

人人相助 事必成이라

사람들이 서로 도와 반드시 일을 성공시키네

'화행'을 하니, 만나는 사람마다 즐거운 마음으로 돕는다. 그러니 어떤 일이든 반드시 성공하는 것이다.

名利漸漸 花爭開라

명예와 이익은 점점 늘어나고 꽃들은 다투어 피니

'점점'은 조금씩 진행되는 것이다. 한 번에 모두 이루어지는 것이 아니라, 흙을 조금씩 쌓아서 태산을 만드는 것이고, 한걸음씩 걸어서 천리 길을 가는 것이다. 명예와 이익도 다 조금씩 커지고 늘어나는 것이다. 또 꽃은 결실을 맺기 위해 피는 것이다. 처음에는 한 송이 두 송이 피지만, 어느 순간부터는 서로 먼저 피겠다고 동시다발적으로 피듯이, 기쁜 일이 서로 다투며 많이 생기는 것이다.

堂上持權 酌重輕이라

일터에서 권세를 잡아 무겁고 가벼운 것을 저울질해서 나눠주네

'당상지권'의 '당'은 집이고, 내가 활동하는 무대이다. 내가 사는 곳이나 일하는 일터에서 논공행상을 하는 권세를 갖게 된다는 것이다. 왜 그런가? 이 세상에서 하늘 보다 높은 것이 없고, 사람의 마음보다 중요한 게 없다. 나는 하늘의 뜻에 따라 낮에는 일하고 밤에는 쉬며, 또 화행을 해서 사람들의 마음을 기쁘고 행복하게 해주었다. 그러니 하늘과 사람이 모두 나에게 논공행상의 분배를 하라하고, 나에게 앞장을 서라고 권한을 위임하는 것이다.

甲辰 蟬月 乾元

2024년 음력 7월에 건원 지음

갑진년은 2024년이고, 선월은 음력 7월로 매미가 짝을 찾으며 울어대는 때이다. 음의 세력이 점점 커질 때를 맞아서 하루 속히 짝을 찾아 안정된 삶을 찾겠다고 '맴맴'하는 것이다. 이럴 때 하늘의 뜻을 받들어 사람들과 잘 어울리는 삶을 살겠다는 뜻의 '화행'을 호로 얻었으니, 정상민 군자의 좋은 뜻이 잘 이루어질 것이다.

효원 정서윤

鄭愲潤 淑女 雅號 曉苑頌
정 서 윤 숙 녀 아 호 효 원 송

愛明京日 徐徐赤하니
애 명 경 일 서 서 적

愲潤地母 成曉苑이라
서 윤 지 모 성 효 원

鳥鹿猶伏 惠微的하나
조 록 유 복 혜 미 적

丹桂飄香 千里馥이라
단 계 표 향 천 리 복

癸卯 姤月 乾元
계 묘 구 월 건 원

서울 출생
원광 디지털대학교 동양학과
대유학당 근무

鄭㥠潤 淑女 雅號 曉苑頌

정서윤 숙녀 아호 효원을 칭송함

‘새벽 효, 동틀 효, 깨달을 효, 환히 알 효’ 자에 ‘동산 원, 나라 임금님 동산 원’ 자이니, 새벽 동산, 아직 날이 환하게 밝지는 않았지만, 노루 사슴이 조금씩 깨어나고 잎새가 기지개를 켜는 동산, 환히 깨달은 것을 마음 속에 담아 연마하고 기르는 동산이다. 동산에는 새도 많고 토끼와 노루 사슴이 뛰어 논다. 하지만 그것은 낮의 일이고, 밤에는 그들 모두 행복한 꿈을 꾸며 잠이 든다. 마침내 동이 터오를 때가 되면, 새날에 대한 기대로 벌떡 일어나고 싶은 마음과 더 자고 싶은 게으름이 서로를 유혹한다.

나는 밤새 깨달은 지혜로 갈 길을 몰라 주춤하는 그들에게, 때를 가르쳐 주고 장소를 제공하며 인도하고 품어준다. 서서히 밝아오는 태양처럼 서두르지 않고 스스로 일어날 때를 기다려서 일을 만들어 주고 따뜻하게 품어줌으로써, 나 자신도 아름답게 살고 또 아름다운 세상에서 행복한 사람들로 가득하게 만들 것이다.

愛明京日 徐徐赤하니

큰 태양이 밝음을 아껴 서서히 떠오르니

‘경애’를 ‘애명경일 서서적’으로 풀었다. ‘애명’은 밝음을 사랑하면서도 아껴서 사용하는 것이고, ‘경일’은 크고도 화려한 태양이다. 한낮이 되면 세상을 크게 비출 큰 해가 동쪽 하늘을 붉게 물들이며 서서히 떠오른다. 다만 ‘경애’의 뜻이 너무 커서 발달하는 게 늦는 것이다.

惰潤地母 成曉苑이라

지혜롭고 온화한 땅신이 효원을 만드네

정서윤 숙녀의 이름을 '서윤지모 성효원'으로 풀었다. '서윤'은 지혜롭고 온화해서 주변을 윤택하게 한다는 뜻이고, '지모'는 땅을 풍요롭게 가꾸는 땅신이다. 또 '효원'은 동틀 무렵의 조용하고 풍요로운 동산이다. 땅신이 동산에 있는 초목군생들에게 '이제 해가 떠오를 때가 되었으니, 깨어나는 게 좋겠다'고 속삭이는 것이다.

鳥鹿猶伏 惠微的하나

새와 사슴은 아직 엎드려 자며 미명에 감사하나

하지만 동산의 새와 사슴은 아직 더 자고 싶다. 그래서 눈뜨지 않고 엎드려서 뭉그적거리며, 아직 햇빛이 강렬하지 않은 것을 고마워하는 것이다. '미적'의 '적'은 밝다는 뜻이니, '미적'은 희미하게 밝다는 뜻이다. 정서윤 숙녀의 려괘로 살아온 전반기 인생과 흡사하다.

丹桂飄香 千里馥이라

붉은 계수나무 꽃 드날리는 향기 천리를 향기롭게 하네

하지만 이미 날이 밝기 시작했다. 어느새 단단한 박달목서(박달계수나무)가 꽃을 피운 것이다. 단계는 사계절 내내 꽃을 피운

다고 해서 사계계(四季桂)라고도 한다. 꽃 필 때까지 자라기가 어려웠지만, 일단 꽃이 피자 회오리바람을 일으키며 온 동산에 향기를 선물한다. 모두가 아직 깨어나지 못해서 갈 길을 모를 때, 환연히 깨친 지혜로 '신언어(愼言語) 절음식(節飮食)'하며 이 괘의 도를 다 함으로써, 아름답고 짙은 향기로 온 동산을 가득 덮으며 효원의 가족들에게 새날을 맞이하자고 이끄는 것이다.

癸卯 姤月 乾元

2023년 5월에 건원 지음

계묘년은 2023년이고, 구월(5월)은 양기운이 가득한 세상에서 서서히 음이 생겨나 조화를 이루는 계절이다. 이때를 맞아 새벽 동산이라는 호를 받으니, 어려웠던 일이 풀리고 희망차고 즐거운 인생이 전개될 것이다.

석과 정영길

鄭泳吉 君子 雅號 碩果頌
정영길 군자 아호 석과송

含章進退 自有時하니
함장진퇴 자유시

生生不窮 存天理라
생생불궁 존천리

泳涵滋久 吉且慶하니
영함자구 길차경

碩果不食 得輿利라
석과불식 득여리

庚子 雨水 乾元
경자 우수 건원

-전북 군산시 출생
-프랑스은행 서울지점 (크레디리요네은행)과 한신대학교에서 근무했음
-현재 한국감사협회에서 내부감사 컨설팅 활동중임

鄭泳吉 君子 雅號 碩果頌

정영길 군자의 아호 석과를 칭송함

'클 석, 가득 찰 석' 자에 '과실 과, 성공할 과, 이룰 과' 자를 쓰니, 몸과 마음이 가득 차서 크게 성공한 사람 또는 이듬해 종자로 쓰일 큰 씨앗 열매이다. 그동안 살아 온 것이 알차고, 큰 허물없이 살아온 인생이 성공한 인생이다. 나는 성공한 인생을 함부로 쓰지 않고 종자로 남겨서, 나의 후손과 후배들에게 좋은 씨앗이었다는 말을 들을 것이다. 나는 살아생전에는 모두가 우러러 보는 석과이고, 죽어서는 한 알의 알찬 씨앗이 되어 아름답고 훌륭한 새 생명을 잉태하는 데 일조를 할 것이다.

含章進退 自有時하니

빛나는 것을 머금고 진퇴함에 때가 있으니

나는 우연히 석과가 된 것이 아니다. 어려서부터 아름답고 빛나는 꿈을 품고, 나아갈 때가 되면 나가고 물러날 때가 되면 물러나면서 나를 키워왔다. 뿐만 아니라 성공을 해도 나를 내세우지 않았고, 열심히 일을 하면서도 나를 내세우지 않았다. 마치 곤괘(坤卦) 육삼에 "빛남을 머금고 바르게 할 수 있으니, 혹 왕을 따라 일을 해서 이룸은 없어도 마침은 있다."와 같이 인생을 산 것이다.

석과 정영길

生生不窮 存天理라

생해주고 또 생해줌에 막힘없어 천리를 보존하네

내 공을 내세우지 않은 것은, 내가 주장할지 몰라서 그런 것이 아니다. 이 세상을 사는 사람의 하나로서 역할을 다 한 것이고, 또 주변 사람들이 잘 살 수 있도록 도와 준 것이다. 모두가 행복하게 잘 살았으면 하는 마음, 이것이 바로 하늘의 이치이다. 하늘의 이치를 한 마디로 하면 '생생(生生)'이다. 태어난 사람을 잘 살게 도와주어서, 생명이 계속 이어질 수 있도록 하는 것이다.

泳涵滋久 吉且慶하니

푹 잠겨 윤택하게 함이 오래되어 길하고 또 경사스러우니

'영함'은 푹 잠겨서 젖는 것이고, '자구'는 그렇게 잠겨 있는 것을 오래도록 하는 것이다. 내가 어떤 일을 목표로 해서 실행할 때, 나도 모르게 그 일에 침잠해서 오랫동안 연구하고 살피는 습관이 있다. 그러니 내면 깊은 곳에서 진리와 방법이 나와 성공하게 되고 경사가 되는 것이다. 여기서 '영함자구 길차경'은 정영길 군자의 새로운 이름풀이이다.

碩果不食 得輿利라

큰 과실 먹지 않아서 존경받는 이로움이 있다네

박괘(剝卦) 상구효에 "이듬해 종자가 될 큰 과실은 먹지 않는다."라고 하였고, 군자는 잘 참았다가 이듬해에 종자로 쓰니, 가

마에 태워 존경받는 경사가 있다고 하였다. 내가 즐겁거나 어렵거나 때맞춰 움직이고 때맞춰 진퇴를 하니, 사람들이 모두 존경하며 자기 앞길을 사는 모범으로 삼는다. 이것은 나 개인적인 이익일 뿐만 아니라, 「문언전」에서 말한 "모든 사람 각각의 의로움이 조화된 것(義之和也)"이니, 모두가 이익 되는 일이다.

庚子 雨水 乾元

2020년 우수에 건원이 짓다.

우수는 새해에 만물이 자라나려고 고개를 들어 하늘의 비를 맞는 날이고, 새로이 봄을 맞아 새 인생을 만끽하는 절기이다. 이 날 호를 받게 되니 새로이 봄날 같은 인생을 살게 될 것이다.

평중 정인길

鄭寅吉 君子 雅號 平中頌
정 인 길 군 자 아 호 평 중 송

人生於寅 多情兮요
인 생 어 인 다 정 혜

比之自內 貞吉兮라
비 지 자 내 정 길 혜

泉水流行 坎盈兮요
천 수 유 행 감 영 혜

祗旣平中 暢發兮로다
지 기 평 중 창 발 혜

己丑 乾月 乾元
기 축 건 월 건 원

1977년 명지고등학교 졸업
1983년 서울시립대학교 회계학과 졸업
- 한일은행 근무
- 공인회계사.세무사 정인길 사무소 운영
- 제주특별자치도 국제자유도시 추진위원 역임
- 대한적십자사 제주도지사 재정감독 역임
- 제주테크노파크 이사, 감사 역임
- 세무법인온지 파트너

鄭寅吉 君子 雅號 平中頌

정인길 군자 아호 평중을 칭송함

'평평할 평, 다스릴 평, 바로잡을 평'에 '가운데 중, 치우치지 않을 중, 적중할 중, 속 마음 중'이니, 공평하고 평평하게 다스리며 치우치지 않고 딱 맞게 하는 마음이라는 뜻이다. 또 물이 산에서 흐를 때는 다소 거칠고 울퉁불퉁하며, 때론 조급하고 때론 웅덩이에 빠져 흐르지 못하는 경우도 있지만, 강물로 흐르고 바다로 흐르게 되면 어떤 환경에도 흔들림 없이 여유롭고 넉넉하며 평평하게 흐른다. 나는 그런 바다의 위용과 넉넉함을 가지고, 모든 일을 공평하게 딱 맞게 처리하며 살아 갈 것이며, 그런 마음을 목표로 살 것이다.

人生於寅 多情兮

사람이 인월에 태어났으니 정이 많고

예로부터 "하늘은 자시에 열리고(천개어자天開於子), 땅은 축시에 열리며(지벽어축地闢於丑), 사람은 인시에 생겨난다(인생어인人生於寅)."고 했다. 하늘과 땅이 생겨나고, 그들이 서로 교감하여 만물을 낳았다는 말이다. 이렇게 하늘의 쉬지 않고 움직이며 만물을 생하는 덕과 땅의 하늘을 본받아 만물을 기르고자 하는 덕에 힘입어 생겨난 것이 인간이다. 그러므로 인간은 서로 돕고 사랑하는 정이 많은 것이다. 정인길 군자의 이름자 '지지 인, 범 인, 클 인, 동료 인'은 다정함의 상징이 되고, '어질 인, 사랑 인' 하는 '인(仁)'과도 통용된다는 것이다.

比之自內 貞吉兮

마음에서 우러나와 도우니 바르고도 길하네

『주역』 비괘(比卦) 육이효에 "육이는 안으로부터 도움이니 바르게 해서 길하다. 상에 말하기를 '안으로부터 도움'은 스스로 자신의 돕는 도를 잃지 않는 것이다(六二는 比之自內니 貞하야 吉토다. 象曰 比之自內는 不自失也라)."라고 했다. 마음에 없는 것을 억지로 돕는 것이 아니라 내 마음에서부터 우러나와 돕는 것이다. 그렇게 도우니 모든 사람이 좋아해서 저절로 길하게 된다. 정인길 군자의 이름자 '길할 길, 복 길, 훌륭할 길' 자는 마음에서 우러나는 도움을 줌으로써 완성됨을 알 수 있다. 그러니까 정인길 군자의 이름인 '인길'은, 앞 구절의 '인생어寅 다정혜'로 시작해서 여기서의 '비지자내 정吉혜'로 마무리됨을 알 수 있다. 즉 '사람이 인월에 태어났으니 정이 많고, 마음속으로부터 우러나서 도우니 바르고도 길하네'의 뜻이다.

泉水流行 坎盈兮

샘물이 용출해 나와 흘러감에 빠지기도 하고 채우기도 하며

『주역』 감괘(坎卦) 구오효에 "구오는 물구덩이가 차지 못했으니, 이미 평평한 데 이르면 허물이 없으리라(九五는 坎不盈이니 祗旣平하면 无咎리라.)"라고 했다. 샘물이 흘러흘러 바다로 간다. 바다로 흘러가는 동안에, 때로는 구덩이에 빠져 못 흘러가기도 한다. 그렇지만 결국은 망망대해로 흘러나오니 허물이 없는 것이다.

祇旣平中 暢發兮

이미 바다에 도달해 평평한 마음이니 창발하리라

흐르지 못할 때는 답답하기도 하지만, 흐르려고 하는 본성을 잃지 않고 꾹 참고 있으면 결국 뜻을 이룬다. 정인길 군자의 호가 '평중'이다. '평중'의 마음으로, '평중'의 행동을 해서, 드디어 평중한 큰 바다에 이르렀다. 또 『주역』 익괘(益卦) 육이효에 "육이는 혹 더해주면 열 벗이 기뻐하며 더해준다. 거북점도 어기지 못하나, 영원토록 바르게 하면 길하다. 왕이 상제께 제사 지내더라도 길하리라(六二는 或益之면 十朋之라. 龜도 弗克違나 永貞이면 吉하니 王用享于帝라도 吉하리라.)" 라고 했는데, 항상 돕는 마음으로 사니, 하늘에 계신 상제도 그 뜻을 알아주신다. 그러니 크게 창성하고 발달하지 않겠는가!

己丑 乾月 乾元

기축년 건월에 건원이 지음

기축년은 서기로 2009년이고, 건월은 음력 4월이다.

겸산 정지권

鄭址權 君子 雅號 謙山頌
정 지 권 군 자 아 호 겸 산 송

時址時行 權勢峨하나
시 지 시 행 권 세 아

不出其位 眞 君子라
불 출 기 위 진 군 자

地中有山 爲謙山하니
지 중 유 산 위 겸 산

事事亨通 餘裕佳라
사 사 형 통 여 유 가

甲辰 大壯月 乾元
갑 진 대 장 월 건 원

58년 출생
진천군에서 지방행정 사무관으로 정년퇴임,
백곡면장, 투자정책과장, 진천읍장 역임

鄭址權 君子 雅號 謙山頌

정지권 군자의 아호 겸산을 칭송함

'겸손할 겸, 공손할 겸, 덜 겸' 자에 '뫼 산, 산 산' 자이니, 덕과 능력이 뛰어났는데도 공손하고 겸손해서 다른 사람을 더 높이고 빛이 나게 하는 사람, 마음 속 깊은 곳부터 우러나는 겸손함으로 인해서 더욱더 아름답게 보이는 사람이라는 뜻이다. 주역 겸괘에 보면, '겸손하면 사람은 물론이고, 하늘도 좋아하고, 땅도 좋아하며, 귀신도 좋아해서 돕는다.'고 하였다. 겸손하기만 하면 뭐든 해결되고 성공한다는 것이다. 그렇다면 겸손하다는 것은 무엇인가? 자기 덕을 다른 사람의 아래에 두고, 귀한 신분이 천한 신분의 아래로 내려가는 것을 겸손하다고 했으니, 겸손할 실질이 없는 사람은 애초에 겸손할 수도 없다. 남보다 덕과 능력이 뛰어나야 겸손할 수 있는 것이다.

나는 높고 골이 깊은 산이지만 항상 겸손해서 주변 사람을 더 높이며 드러나게 하는 사람이고, 나의 공을 내세우지 않고 남의 공을 빛나게 하는 사람이고, 또 그렇게 되려고 노력하는 사람이다.

時址時行 權勢峨하나

때로는 그치게 하고 때로는 행하게 해서 권세가 드높으나

정지권 군자의 이름을 '시지시행 권세아'로 풀었다. '시'는 '때에 맞게'라는 뜻이고, '지'와 '행'은 그쳤다가 행하고, 쉬었다가 움직이고, 그만 두었다가 다시 펼치는 것이다. 또 '권'은 저울추를 말하는데, 저울추를 어디에 놓냐에 따라 무게가 달라지고 중심이 이동된다. '권세'는 저울추가 움직이는 형세이다. 권세에 따라, 또 나의 뜻에 따라 멈추게도 할 수 있고 움직이게도 할 수 있으니 그 권세가 드높은 것이다.

不出其位 眞君子라

지위를 벗어나지 않는 것이 참 군자라네

중산간괘(䷳) 대상전에 "산이 연이어 솟아 있는 것이 간괘이다. 군자가 이러한 상을 본받아서, 생각이 그 지위를 벗어나지 않는다." 라고 했다. 산이 높이 솟았지만, 하늘 아래에 있는 땅이라는 분수를 지키는 것이다. 정지권 군자의 권세가 높아서 일을 좌지우지할 수 있지만, 어디까지나 나에게 주어진 권한 안에서 사리판단을 하고 결정하는 것이지, 결코 분수 밖의 결정을 하지 않는다는 것이다. 그렇게 분수조절을 잘해서 올바르게 처신하므로 참된 군자라고 칭찬을 듣는 것이다.

地中有山 爲謙山이니

땅 속에 높은 산이 숙이고 있는 것이 겸산이니

또 지산겸괘(䷎) 대상전에는 "땅 속에 산이 있는 것이 겸괘이다. 군자가 이러한 상을 본받아서 많은 것을 덜어 적은 데 더해서, 물건을 저울질하여 베풂을 고르게 한다."라고 하였다. 높은 산이 땅보다 낮다고 겸양한다, 아니 내가 아무리 높지만 나도 땅으로 이루어진 산이고 또 땅 중의 하나일 뿐이므로, 다른 땅보다 조금 높다고 자랑할 것도 없다. 나의 저울추를 움직이는 권세가 높아서 멋대로 움직이는 것 같지만, 항상 분수를 지키며 저울질하고 베풀어서 사람들이 고르게 잘 살게 되기를 바라는 것이다. 내가 이런 노력을 하고 살기때문에 겸산이라는 호를 얻은 것이다.

事事亨通 餘裕佳라

일마다 형통해서 여유가 아름답네

저울추를 원칙과 규칙에 맞게 사용해서 일을 잘 처리했다는 소리를 듣고, 사심 없이 잘 저울질해서 공평하게 나눠줄 생각을 한다. 모두가 나의 저울질이 공평하다고 칭찬을 하니, 내가 하는 모든 일이 형통하고, 하는 일마다 잘 풀리므로, 장기적인 계획을 세우고 일희일비하지 않는 여유가 있게 된 것이다.

甲辰 夬月 乾元

2024년 음력 3월에 건원 지음

갑진년은 2024년이고, 쾌월은 음력 3월로 양이 기세를 부리는 때이니, 앞으로 전진하며 공정한 사회를 만들 일만 남았다는 뜻이다. 천명을 알아서 수신에 힘쓰고, 주변의 뜻을 잘 배려하고 포용하며 함께 행복의 길을 찾아간다는 뜻의 '겸산'이라는 호와 잘 어울리는 계절이다.

혜담 정홍도

鄭紅桃 淑女 雅號 惠潭頌
정 홍 도 숙 녀 아 호 혜 담 송

地雷合德 獨復仁하니
지 뢰 합 덕 독 복 인

蜂發蝶舞 紅桃信이라
봉 발 접 무 홍 도 신

家和香言 日日昌하니
가 화 향 언 일 일 창

惠潭鼈魚 悠悠進이라
혜 담 별 어 유 유 진

甲辰 姤月 乾元
갑 진 구 월 건 원

1965년생
충북 진천 거주

鄭紅桃 淑女 雅號 惠潭頌

정홍도 숙녀의 아호 혜담을 칭송함

'은혜 혜, 사랑 혜' 자에 '연못 담, 깊을 담, 소 담' 자를 쓰니, 은혜를 베푸는 깊은 연못, 주변 사람들에게 좋은 환경을 만들어 주어서 많은 생명체들을 행복하게 살게 하는 은혜를 베푸는 연못이라는 뜻이다.

연못에는 물고기 자라 방게 오리 원앙 등 많은 생명이 모여 살고, 또 연못을 찾아 목을 축이려는 토끼 사슴 담비 등 많은 동물들이 찾아온다. 뿐만 아니라 연꽃 수선화 소나무 등 많은 식물도 연못의 물에 조금이라도 뿌리를 가까이 대려고 노력한다. 나는 이들 모두를 만족시켜서 행복하게 해주는 연못 자체이고 또 조율해서 화합시키는 주재자이다.

나는 나의 역할에 충실하게 살아왔고, 앞으로도 그들의 원하는 행복이 무엇인지를 알아서 지혜롭게 상황에 잘 적응하며 조절해서 주변이 화목하게 살도록 노력하며 살 것이다.

地雷合德 獨復仁하니

땅과 우레가 덕을 합해서 홀로 씨앗을 회복하니

주역에 복괘(復卦)가 있다. 아무것도 없는 줄 알았는데, 그 땅속 깊은 곳에서 씨앗이 발아해서 새록새록 자라서 올라온다는 뜻이다. 겨울의 춥고 어두운 계절을 지내고 봄을 맞아서, 내가 제일 먼저 땅을 뚫고 나오는 싹이 된 것이다.

蜂發蝶舞 紅桃信이라

벌과 나비가 활발하게 춤을 추니 맛있는 홍도가 틀림없네

정홍도 숙녀의 이름을 '봉발접무 홍도신'으로 풀었다. 어느새 무럭무럭 자란 나무에 꽃이 피었다. 그 달콤한 향기에 취한 벌과 나비가 어쩔 줄을 모르고 좋아하며 춤을 추는 것이다. 벌과 나비가 많으니, 그 열매가 달고 맛있고 클 것은 자명한 일이다. 더구나 신선들도 그냥 지나가지 못한다는 붉은 복숭아가 아닌가! 서왕모(西王母)가 축원해주고 기르며, 신선들이 서왕모의 공에 감사드리며 한 알씩 얻어먹으니 모두가 행복하다.

家和香言 日日昌하니

가족이 화목하고 향기로운 말을 해서 날로 번창하니

서로 배려하고 위하는 말은 향기가 난다. 향기 나는 말로 서로를 북돋고, 향기 나는 말로 서로를 이끌어주니, 자연히 화목한 삶을 사는 것이고, 집안이 날로 번창하게 되는 것이다.

惠潭鼈魚 悠悠進이라

혜담에 사는 자라와 잉어가 유유히 헤엄치네

자라나 잉어는 훌륭한 자식이고 출세하는 자식이다. 옛날에는 과거 시험의 장원급제를 상징했다. 있는 듯 없는 듯 조용히 자라서 자신이 원하는 것을 먹고 자신이 원하는 곳으로 헤엄쳐 간다. 다만 급할 것도 없고 부족한 것도 없으므로 유유히 헤엄치

는 것으로 보일 뿐이다. 정홍도 숙녀가 혜담을 만들고 가꾸어서 많은 생명들을 행복하게 하니, 그 안에서 저절로 훌륭한 자식이 길러지고 자라는 것이다.

甲辰 姤月 乾元

2024년 음력 5월에 건원 지음

갑진년은 2024년이고, 구월은 음력 5월로 밖에는 양이 극성하게 기세를 부리지만, 속으로는 음의 씨앗이 자라나 음의 세상을 만들 것을 계획하는 때이다. 양으로 커지기만 해서는 결실이 이루어지지 않는다. 음으로 자신의 기운을 모아야 좋은 결실을 얻을 수 있는 것이다. 나와 주변을 잘 가꾸고 좋은 환경을 제공해줌으로써 모두를 행복하게 해준다는 뜻의 '혜담'이라는 호와 잘 어울리는 계절이다.

석과 조규용

曺圭容 君子 雅號 碩果頌
조 규 용 군 자 아 호 석 과 송

容復白圭 可認定이나
용 복 백 규 가 인 정

含章可貞 无成名이라
함 장 가 정 무 성 명

碩果不食 眞君子니
석 과 불 식 진 군 자

厚下安宅 得輿情이라
후 하 안 택 득 여 정

甲辰 夬月 乾元
갑 진 쾌 월 건 원

1957년 정유생
2020년 영복여자고등학교 퇴임
아주대학교 교육대학원 석사
아주대교육대학원 총동문회장 역임

曺圭容 君子 雅號 碩果頌

조규용 군자의 아호 석과를 칭송함

‘클 석, 가득 찰 석’ 자에 ‘열매 과, 결실 과, 과실 과, 성공할 과, 이룰 과’ 자를 쓰니, 몸과 마음이 가득 차서 크게 성공한 사람 또는 이듬해 종자로 쓰일 큰 씨앗 열매이듯이, 내가 노력해서 얻은 결실을 다음 세대로 넘겨주기 위해서 노력하는 사람이다. 그동안 살아 온 것이 알차고, 큰 허물없이 살아온 인생이 성공한 인생이다. 나는 성공한 인생을 함부로 쓰지 않고 종자로 남겨서, 나의 후손과 후배들에게 좋은 씨앗이었다는 말을 들을 것이다. 나는 살아생전에는 모두가 우러러 보는 석과이고, 죽어서는 한 알의 알찬 씨앗이 되어 아름답고 훌륭한 새 생명을 잉태하는 데 일조를 할 것이다.

容復白圭 可認定이나

남용이 백규의 시를 세 번 읊어서 인정을 받았으나

조규용 군자의 이름을 ‘용복백규 가인정’으로 풀었다. 『시경·대아·억(抑)』시에 “백규(백옥으로 만든 홀)의 흠은 그래도 갈아 없앨 수 있지만 / 네가 한 말의 흠은 만회할 수가 없다오”라는 대목이 있다. 이 억시를 남용(南容)이 세 번이나 반복해서 외우는 모습(三復白圭)을 보고, 공자님께서 “나라에 도가 있으면 버려지지 않으며, 나라에 도가 없으면 형벌을 면할 것이다.”라고 하시면서, 그 형님(맹피)의 딸과 결혼시켰다. 공자님께서 덕과 능력을 인정하신 것이다.

含章可貞 无成名이라

빛나는 보물을 머금고도 앞장서서 이름을 내지 않네

곤괘(坤卦) 육삼효사에 "육삼은 빛나는 것을 머금고도 바르게 할 수 있으니, 혹 왕을 따라 일을 해서 이룸은 없어도 마침은 있게 한다."고 하였다. 능력과 재주가 있지만 앞장서지 않고, 윗사람이 하자고 하면 그때서야 나선다. 나서서 일을 성공시키더라도, 나는 조용히 끝까지 마무리를 잘할 뿐, 내가 다 이루었다고 자랑하지 않고 그 공을 윗사람에게 돌린다.

碩果不食 眞君子요

석과를 먹지 않으니 참 군자이고

박괘(剝卦) 상구 효사에 "상구는 큰 씨앗은 먹지 않으니, 군자는 수레로 모셔지고 소인은 집을 깎아 망칠 것이다."라고 했다. 군자는 배가 고파도 이듬해 종자로 쓰일 큰 씨앗은 먹지 않는다. 그래야 내년이 있고 미래가 있기 때문이다. 미래를 예측해서 목표를 정하고, 계획을 세우며, 옳고 그른 것을 판단해서 말과 행동으로 실천한다. 궁할수록 의리를 지키고 약속을 지키며 자신에게 엄하게 하는 참 군자인 것이다.

厚下安宅 得輿情이라

아랫사람을 잘 돌보아 인심을 얻는 것은 가마 태워 모셔지는 뜻이라네

조규용 군자가 공자님께서도 인정하는 덕과 재질을 가지고, 묵

묵히 도와서 일을 성공시키고도 명성을 내지 않고, 미래를 계획하며 의리를 지킨다. 거기에 더해서 아랫사람을 도와 성공하게 하니, 모두가 존경하며 형님으로 받드는 것이다. 내가 잘 인도하고 의리를 잘 지키고 열심히 하니까, 주변 사람들이 나를 받들어 모시고 싶은 것이다.

甲辰 夬月 乾元

2024년 음력 3월에 건원 지음

갑진년은 2024년이고, 쾌월은 음력 3월로 양이 기세를 부리는 때이니, 앞으로 전진하며 공정한 사회를 만들 일만 남았다는 뜻이다. 천명을 알아서 수신에 힘쓰고, 주변의 뜻을 잘 배려하고 포용하며 함께 행복의 길을 찾아간다는 뜻의 '석과'라는 호와 좋은 배합이 되는 계절이다.

소명 조홍제

趙泓濟 君子 雅號 昭明頌
조 홍 제 군 자 아 호 소 명 송

謙謙君子 濟泓江하니
겸 겸 군 자 제 홍 강

心中圓月 自昭明이라
심 중 원 월 자 소 명

切磋琢磨 漸餘裕하니
절 차 탁 마 점 여 유

蘭桂前庭 報太康이라
란 계 전 정 보 태 강

甲辰 大壯月 乾元
갑 진 대 장 월 건 원

1956년생
진천군 문화관광해설사

趙泓濟 君子 雅號 昭明頌

조홍제 군자의 아호 소명을 칭송함

'밝힐 소, 밝을 소, 드러날 소' 자에 '밝을 명, 빛날 명, 맑고 깨끗할 명, 총명 명' 자를 쓰니, 나의 몸에 내재된 맑고 밝은 천성을 밝히는 사람, 나의 현명함으로 다른 사람을 맑고 깨끗하게 하는 사람이라는 뜻이다. 중용에 "하늘이 나에게 이렇게 살라고 명령한 것을 성품이라고 한다."고 했는데, 그 하늘이 명령한 성품을 깨우쳐서 그대로 실천함으로써 대자연과 하나가 되는 사람이다. 또 대자연과 하나 되는 삶을 실천함으로써 주변의 모범이 되고, 그들을 이끌어서 마음껏 자신의 천성을 누리며 행복하게 살도록 하는 사람이다.

나는 나의 본성이 무엇이고, 인생에서 추구하는 목적이 무엇이며, 우주대자연속에서의 나의 존재는 무엇이고, 그 대자연을 살아가는 나의 역할은 무엇인지를 생각하며 살아왔고, 앞으로도 그것을 알고 실천하며 노력하는 사람이다.

謙謙 君子 濟泓江하니

겸손하고 겸손한 군자라 깊은 강을 건너니

조홍제 군자의 이름을 '겸겸 군자 제홍강'으로 풀었다. 나는 겸손하게 세상을 살아왔다. 공자님은 겸괘 단전에서 "하늘의 도는 가득 찬 것은 이지러지게 하며 겸손한 데는 더해주고, 땅의 도는 가득 찬 것을 변하게 하며 겸손한 데로 흐르고, 귀신은 가득 찬 것을 해롭게 하며 겸손함에는 복되게 하고, 사람의 도는 가득 찬 것을 미워하고 겸손한 것을 좋아한다."고 하셨다. 또 "겸손하면 아무도 함부로 대할 수 없다."고 하셨다. 모두가 좋아하고 존경하는 겸손한 마음으로 사니, 그 깊고도 커서 건너기 힘든 홍강도 건널 수 있는 것이다.

心中圓月 自昭明이라

마음 속의 둥근달이 저절로 밝음을 드러내네

예로부터 사람의 천성을 담은 영대(靈臺)를 마음 속의 달로 비유했다. 조홍제 군자가 겸손하고 또 겸손하게 사니, 마음의 달이 저절로 맑고 밝아져서, 모든 일이 둥글둥글 원만하게 진행되고, 주변 사람들도 호의적이 되는 것이다. '홍제'라는 이름으로 성실하게 살아오니 '소명'이라는 호를 얻게 된 것이다.

切磋琢磨 漸餘裕하니

절차탁마해서 점점 더 여유롭게 되니

시경에 "문채 빛나는 군자시여! 끊은 듯 간 듯 하시며 쪼은 듯 연마한 듯 하시네"하고 읊으니, 대학에서 "끊은 듯 간 듯하다' 함은 배움을 말하는 것이고, '쪼은 듯 연마한 듯하다' 함은 스스로 수신하는 것을 말한다."고 하였다. 옥을 가공할 때, 잘랐으면 잘 다듬어야 하고, 쪼았으면 또 잘 갈아야 한다. 천성을 한번 깨우쳤다고 끝나는 것이 아니라, 매일 갈고 닦으며 더욱 연마를 해야 하는 것이다. 이렇게 나를 갈고 닦으며 연마하니, 점점 더 세상에 대해 전체를 볼 줄 알고 먼 미래까지 내다볼 줄 아는 안목이 생겨서 마음이 여유롭게 되는 것이다.

前庭蘭桂 報太康이라

앞뜰의 난초와 계수나무가 큰 즐거움으로 보답하네

나는 갑자기 이 세상에 태어난 사람이 아니다. 내가 태어나기 전에 수많은 조상들이 대를 이어가며 훌륭한 삶을 살았고, 그 결과가 쌓여서 내가 태어났다. 나의 삶은 또 후손들의 밑거름이 될 것이다. 내가 어떻게 사냐에 따라 후손들의 삶이 결정되는 것이다. 마치 나의 과거가 오늘을 만들었고, 지금의 노력이 나의 미래를 결정하는 것과 같다. '난초'와 '계수나무'는 훌륭한 자식이며 후손이다. 내 슬하에 귀한 아들 딸을 두었는데, 내가 소명의 역할을 다하니, 그들이 편안하고 즐겁게 살게 되는 보답이 있게 되는 것이다.

甲辰 大壯月 乾元

2024년 음력 2월에 건원 지음

갑진년은 2024년이고, 대장월은 음력 2월로 양이 기세를 부리는 때이니, 앞으로 전진하며 공정한 사회를 만들 일만 남았다는 뜻이다. 천명을 알아서 수신에 힘쓰고, 주변을 잘 포용하며 함께 행복의 길을 찾아간다는 뜻의 '소명'이라는 호와 잘 어울리는 계절이다.

후덕 진태용

陳泰庸 君子 雅號 厚德頌
진 태 용 군 자 아 호 후 덕 송

厚德載物 生生道니
후 덕 재 물 생 생 도

含章鵬程 泰庸蹈라
함 장 붕 정 태 용 도

以羊易之 不忍心이니
이 양 역 지 불 인 심

培下安宅 得恩雨라
배 하 안 택 득 은 우

甲辰蟬月 乾元
갑 진 선 월 건 원

임인생으로 2023년 영등포구청에서 팀장으로 공직생활을 마치고 三无(无望 无慾 无心)를 수행하고자 주역을 공부하는 사람

陳泰庸 君子 雅號 厚德頌

진태용 군자의 아호 후덕을 칭송함

'두터울 후' 자에 '큰 덕, 어진 덕' 자이니, 중후한 인덕으로 주변을 넉넉하게 하고 잘 포용하는 사람이라는 뜻이다. '후덕'은 곤괘(☷) 대상전에 나오는 말이다. 넓고도 두터워서 모든 식물을 다 길러주고 모든 동물에게 삶의 터전을 제공해주는 땅을 보고, 군자도 모든 종류의 사람을 다 포용하고 길러준다는 뜻이다. 나는 누구나 포용하는 큰 덕으로, 나를 포용하고 내 주변을 포용해서 모두를 안전하고 행복하게 해주는 사람이고, 또 그렇게 하려고 노력하는 사람이다.

厚德載物 生生道니

두터운 덕으로 사람들을 길러주는 것이 생생하는 방법이니

모든 사람을 포용해서 길러주는 덕으로 많은 사람에게 덕을 베푼다. 이렇게 하는 것이 사람들이 서로를 위해주며 행복하게 살고, 또 대를 이으며 종족을 번성하게 하는 큰 방법인 것이다.

含章鵬程 泰庸蹈라

여의주를 머금은 붕새가 크나큰 중용의 길을 밟아 나가네

진태용 군자의 이름을 '함장붕정 태용도'로 풀었다. 하루에 천리를 난다는 붕새가 오랫동안 덕을 쌓으면 여의주가 생긴다. 나의 성실함과 정성을 모여서 만들어진 것이다. 여의주가 생기면 붕새의 뜻이 더 커진다. 여의주는 세상의 지도자가 되어서 만인을 다스릴 수 있는 표식이고 능력의 상징이기 때문이다.

그렇게 뛰어난 능력을 가졌으면서도 으스대지 않고 중용의 길을 간다. 과불급이 없고 때와 장소에 맞는 행동을 하는 것이다. 앞에 '클 태' 자가 붙어서 더욱더 확실한 중용의 길을 간다는 뜻이 되었다.

以羊易之 不忍心이니

소가 슬피 움에 양으로 바꾸는 것은 차마하지 못하는 마음이니

양혜왕이 자신의 방에서 쉬고 있을 때, 밖에서 소가 슬피 우는 소리를 들었다. 흔종의 제사를 지내기 위해 소를 끌고 지나갔는데 소가 죽을 자리인 것을 알고 슬피 운 것이다. 그 소리를 들은 양혜왕이 "그 소를 살려주고 양으로 대신 희생시켜라"고 하였다. 주변에서는 임금이 소가 아까워서 값싼 양으로 바꿨다며 놀려댔다. 하지만 맹자는 "왕께서는 소가 우는 소리는 듣고 양을 보지 못하였기 때문에 바꾸라고 한 것이니, 죽어가는 것을 차마 보지 못하는 착한 마음이 있었기 때문"이라고 하였다. 진태용 군자의 마음에 사람들이 잘못되는 것을 차마 견디지 못하는 마음이 있어서 후덕을 베푸는 것이다.

培下安宅 得恩雨라

아래를 북돋아 주변을 편안히 함에 은혜로운 비를 얻네

산이 높기만 하면 무너지기 쉽다. 높을수록 밑을 지탱하는 내 편이 많아야 하는 것이다. 내 편이 많으려면 어떻게 해야 하는

가? 그들을 사랑으로 잘 대접해야 하는 것이다. 아랫사람을 북돋고 키워주는 마음으로 잘 위해주니, 그들이 나의 삶 나의 환경을 잘 보존해 주는 것이다. 이렇게 서로 도우니 음양이 합덕되어 은혜로운 비를 맞게 되고, 모두가 흡족함을 느끼며 행복한 삶을 살게 되는 것이다.

甲辰蟬月 乾元

2024년 음력 7월에 건원 지음

갑진년은 2024년이고, 선월은 음력 7월로 매미가 짝을 찾으며 울어대는 때이다. 음의 세력이 점점 커질 때를 맞아서 하루 속히 짝을 찾아 안정된 삶을 찾겠다는 뜻이다. 이럴 때 사람들의 뜻을 모두 받아들여 행복한 운으로 인도한다는 '후덕'이라는 호를 얻었으니, 진태용 군자의 만물의 잘잘못을 모두 포용하려는 착한 뜻이 잘 이루어질 것이다.

여운 최내옥

崔乃玉 淑女 雅號 與運頌
최 내 옥 숙 녀 아 호 여 운 송

德廣尤智 酬酌性하니
덕 광 우 지 수 작 성

玉笏乃光 无咎貞이라
옥 홀 내 광 무 구 정

物與生運 茂對時하니
물 여 생 운 무 대 시

功德無窮 前途晴이라
공 덕 무 궁 전 도 청

甲辰 蟬月 乾元
갑 진 선 월 건 원

전) 인천대학교 자연과학부 생물학과 졸업
· 국립보건원 연구실습
· 영재과학학원 생물강사 역임
· 선인보습학원 운영
현) 가빈 사주&타로 원장

崔乃玉 淑女 雅號 與運頌

최내옥 숙녀 아호 여운을 칭송함

'줄 여, 베풀 여, 함께할 여, 참여할 예' 자에 '운명 운, 운세 운, 운행할 운' 자이니, '새로운 사람의 운명에 참여해서 좋은 길로 인도하며 행복을 함께 누리는 사람'이라는 뜻이다. 자신의 앞날이 불안하고, 자신의 운명에 불만인 사람들이 나에게 찾아와서 상담을 하는 것이다. 나는 그들의 성격을 정확히 파악해서 적성에 맞고 취향에 맞으며 가고 싶어하는 길로 인도해 준다.

'여운'은 운명을 준다는 뜻이지만, 운명을 어떻게 주겠는가? 제일 좋은 길을 찾아주는 것이 운명을 주는 것이다. 새로운 길을 안내받은 사람들이 만족하며 행복해 한다. 언제 주는가? 그들이 원할 때 준다. 나는 원하는 사람들에게 운명의 길을 찾아줄 것이고, 최선의 길을 찾아주려고 노력하는 사람이 될 것이다.

德廣尤智 酬酌性하니

덕이 넓고 또 지혜로워서 성품을 수작질하니

하늘로부터 부여받은 천성이 여러 환경에 의해서 덕으로 바뀌었다. 자신의 경험에 의해 바뀐 것이므로, 모든 것을 포용하는 큰 덕이 될 수도 있고 자기만 생각하는 조그만 덕이 될 수도 있다. 최내옥 숙녀는 덕이 넓고 커서 많은 사람의 고충을 다 포용할만하고, 또 그 사람들에게 좋은 길을 안내할 지혜도 있는 것이다. 그래서 사람들과 수작질을 해서 각자의 마음속 깊이 숨어 있는 성품을 이끌어내서 조화롭게 해주는 것이다.

玉笏乃光 无咎貞이라

하느님께서 주신 옥홀이 빛나서 바르게 하고 허물이 없네

최내옥 숙녀의 이름을 '옥홀내광 무구정'으로 풀었다. 옥홀은 관직의 품계를 표상하는 홀이다. 홀을 보여 신분을 드러내고, 홀을 들어서 지위에 맞는 명령을 내리는 것이다. 홀도 그냥 홀이 아니라 '옥'으로 만든 좋은 홀이고, 그 지위와 명령이 상황에 적절하게 맞아서 빛이 난다. 무망괘 4효에 "바르게 할 수 있으니 허물이 없다"고 했다. 어떤 상황을 맞아도 흔들리지 않고 나의 바름을 지켜갈 수 있으므로 잘못된 삶을 살지 않는 것이다. 인생을 살다가 죽을 때 "나는 나의 최선을 다했다. 바르게 살았다."라는 말을 할 수 있는 것이다.

物與生運 茂對時하니

사람마다 살리는 운을 주되 무성하게 자랄 때에 맞게 하니

무망괘 대상전의 말로, '여운'이라는 호를 '물여생운 무대시'로 풀었다. '생운'은 살 방도를 마련해서 행복하게 되는 운이다. 변화에 대처할 수 있는 운이다. 그렇지만 아무리 좋은 운을 주더라도 상대가 받아들이지 않으면 소용이 없다. 말을 물가로 데려갈 수는 있지만, 강제로 물을 먹일 수는 없는 것이다. 각자 간절하게 원할 때 주어야 효과가 있는 것이다.

功德無窮 前途晴이라

공덕이 무궁해서 앞길이 맑게 빛나네

사람의 속마음을 대화를 통해서(수작질해서) 알아내고, 잘 다독이며 좋은 길로 인도해서 행복하게 만든다. 이보다 더한 공덕이 어디에 있겠는가? 그러니 공덕을 쌓은 나의 앞길도 축복을 받아 맑게 개이는 것이다.

甲辰 蟬月 乾元

2024년 음력 7월에 건원 지음

갑진년은 2024년이고, 선월은 음력 7월로 매미가 짝을 찾으며 울어대는 때이다. 음의 세력이 점점 커질 때를 맞아서 하루 속히 짝을 찾아 안정된 삶을 찾겠다는 뜻이다. 이럴 때 사람들의 뜻을 받아들여 좋은 운으로 인도한다는 '여운'이라는 호를 얻었으니, 최내옥 숙녀의 착한 뜻이 잘 이루어질 것이다.

다경 최상경

崔相京 君子 雅號 多慶頌
최 상 경 군 자 아 호 다 경 송

歲歲精誠 前路平하고
세 세 정 성 전 로 평

相京結人 成多慶이라
상 경 결 인 성 다 경

漸漸積善 天祐助하니
점 점 적 선 천 우 조

君子餘生 樂樂聲이라
군 자 여 생 낙 락 성

癸卯 觀月 乾元
계 묘 관 월 건 원

1952년 금산 출생
계란 유통업
주역을 공부하며 마음 수양

崔相京 君子 雅號 多慶頌

최상경 군자 아호 다경을 칭송

'많을 다, 도량이 넓을 다' 자에 '경사 경, 착한 일 할 경, 경사를 축복할 경, 행복 경' 자이니, 넉넉한 마음을 씀에 경사가 많고, 축하할 일이 많으며, 행복할 일이 많은 사람이다.

세상에 축복할 일은 많다. 자식을 낳아서 축하하고, 잘 길러서 축하하며, 훌륭한 사람이 된 것을 축하한다. 또 돈을 벌어서 축하하고, 돈을 잘 써서 축하하며, 필요한 곳에 돈이 골고루 돌아서 주변이 행복함에 축하한다. 또 취직해서 축하하고, 승진해서 축하하며, 자신의 포부를 펼칠 수 있어서 축하한다. 또 축하하는 마음을 축하하고, 축하를 받은 것을 축하하며, 모두가 축하할 일이 생긴 것을 축하한다.

축하는 자신이 노력한 결과에 대해서 칭송하는 것이다. 노력과 투자에 대한 보답이다. 인과응보 또는 자천우지라는 뜻이다. 나는 평소 모든 일에 정성을 다하고, 사람들이 모이면 하나로 결속하게 하였다. 그것이 쌓이고 쌓여서 모든 일이 축하할 일이 된 것이다. 나는 지금까지도 그래왔고, 앞으로도 늘 그러한 행동을 해서, 나 자신이 세상을 축하하고 세상이 나를 축하하는 사람이 될 것이다.

歲歲精誠 前路平하고

해마다 정성을 다함에 앞길이 평탄하고

어떤 일이든 정성을 다해서 처리했다. 어렸을 때부터 지금까지 최선을 다하지 않은 적이 없다. 이렇게 정성으로 사람을 대접하고, 정성으로 일을 하니까 앞길이 막힘이 없을 뿐만 아니라 넓고도 튼튼하게 탁 트인 탄탄대로가 되었다.

相京結人 成多慶이라

서로 높이며 하나로 뭉치게 해서 다경을 이루네

최상경 군자의 이름을 '상경결인'으로 풀었다. '상경'은 서로 존경하며 높인다는 뜻이다. 사람을 무시하면 그 사람도 나를 무시하지만, 사람을 높이면 그 사람도 나를 높인다. 내가 존경하며 높여주니 상대방도 그렇게 나를 대접하는 것이다. 사람들과 잘 소통이 되니 한마음으로 '결인'되어서 서로 돕고, 자연히 경사가 많아지는 것이다. '상경결인'으로 사니까, 저절로 '다경'이라는 호를 얻게 된 것이다.

漸漸積善 天祐助하니

점점 더 선을 쌓음에 하늘이 도우니

착한 일을 한 번 했다고 경사라는 보답이 오는 것이 아니다. 두 번 세 번 하고 계속해서 모두가 인정될 정도가 되어야 결과가 좋은 것이다. 모두가 인정하여서 하늘까지 알 정도가 되니 내가 하는 일이 잘 풀리고, 하는 일마다 잘 풀리니 '하느님이 돕는가 보다' 하고 칭찬하며 부러워하는 것이다.

君子餘生 樂樂聲이라

군자의 남은 생애 즐거운 웃음이 가득하네

'세세정성'하고 '상경결인'하니 하는 일마다 잘 풀려서 탄탄대로가 되고, 또 모두가 잘됐다고 칭찬을 하며 부러워한다. 칭찬하고 부러워하는 소리가 여기저기서 들리는 것이다. 더 이상 바랄 것이 무엇인가? 내 마음이 흡족하고, 집안에 웃음소리가 끊이지 않게 된 것이다.

癸卯 觀月 乾元

2023년 8월에 건원 지음

계묘년은 2023년이고, 관월(음 8월)은 1년 결실을 추수하며 풍년을 감사하는 때이다. 이 세상에 태어나서 할 일을 다 하고, 후손들이 커나가는 것을 너그럽고 흐뭇한 마음으로 바라보는 사람과 어울리는 계절이다. 이때를 맞아 축하할 일이 많다는 뜻의 '다경'을 호로 받으니, 앞날이 평탄하고 즐거운 일이 많이 생길 것이다.

덕여 최영훈

崔榮勳 君子 雅號 德輿頌
최 영 훈 군 자 아 호 덕 여 송

乘輿濟人 孟子診하니
승 여 제 인 맹 자 진

觀我榮勳 得好隣하라
관 아 영 훈 득 호 린

惠而不知 進德輿니
혜 이 부 지 진 덕 여

茂林碩果 前程連이라
무 림 석 과 전 정 연

甲辰 姤月 乾元
갑 진 구 월 건 원

1967년 진천 출생
충북대학교 석사
현)진천군청 건설교통과장

崔榮勳 君子 雅號 德輿頌

최영훈 군자의 아호 덕여를 칭송함

'큰 덕, 어진 덕' 자에 '수레 여, 차 여' 자를 쓰니, 큰 덕이 실린 자동차 또는 큰 덕을 베푼 공을 높이 사서 모든 사람이 추대하며 자동차로 모셔지는 사람이라는 뜻이다. 어떤 덕을 베푸는가? 사람들이 갈 바를 몰라서 우왕좌왕할 때 올바른 길로 인도하고, 잘못된 선택을 할 때 바른 길로 인도하는 덕이다. 당장은 오해를 사고 원망을 받을지라도 소신껏 옳은 길로 인도한다. 나중에서야 옳은 길로 인도되었다고 깨달은 사람들이, 고마운 표시로 비싸고 좋은 자동차로 모시며 대접을 하는 것이다.

나는 나에게 있는 선견지명을 소신껏 지켜 공을 세움으로써 사람들이 존경하며 모시는 사람이고, 항상 주변 사람을 좋은 길로 인도해 주며 덕을 베푸는 것을 낙으로 삼는 사람이 될 것이다.

乘輿濟人 孟子診하니

수레를 태워 냇물을 건너준 것도 맹자가 비방하니

공자의 제자 자산(子産)이 정나라의 재상이 되었을 때, 냇물이 불어 건너지 못하는 사람들을 보고 차마 그냥 지나가지 못하고, 자신의 수레에 태워서 건너 주었다. 사람들이 모두 훌륭한 사람이라고 칭찬을 하니, 맹자가 좋기는 하나 크게 훌륭하지는 않다고 하였다. "초겨울 물이 줄었을 때 다리를 놓았다면 그런 수고를 할 필요가 없고, 재상의 업무는 많고도 바쁘기 때문에, 길을 갈 때 다른 사람의 길을 막고라도 급히 갈 때가 많은데, 국가 전체의 일을 볼 생각은 안하고 몇몇 사람의 편의를 위해서 재상의 일을 다하지 못했다"는 것이다.

觀我榮勳 得好隣하라

나의 영광된 공훈을 살펴서 좋은 이웃을 얻네

최영훈 군자의 이름을 '관아영훈 득호린'으로 풀었다. 나의 지금은 과거를 평가해서 얻은 것이고, 나의 미래는 현재를 평가해서 얻은 것이다. 나의 공훈을 살펴보아서 좋게 평가되었다면 서로가 나의 이웃이 되려 할 것이므로, 나의 영광된 공훈이 중요한 것이다. '관아'는 관괘(觀卦)에서 "나를 살펴서 앞날의 진퇴를 결정하고, 나의 주변을 살펴서 그들이 행복하면 내가 올바르게 산 것이다"라고 하였으니, 나를 평가하는 중요한 잣대는 나의 주변 사람의 행복지수인 것이다.

惠而不知 進德輿하니

은혜를 베풀고도 모르게 하는 것이 덕여를 얻는 길이니

앞에서 말한 자산을 평가할 때 맹자가 한 말씀이다. "은혜를 베풀되 은혜를 입은 사람이 모르게 해야 한다(혜이부지)"는 것이다. 일반 시정잡배면 모르지만, 한 나라의 재상이 몇몇 백성들의 "고맙습니다. 감사합니다."라는 말에 신경을 쓰면 큰일을 못한다는 뜻이다. '혜이부지'야말로 덕을 높이고 넓히는 일이다. '덕여'는 주변 사람들에게 덕을 베풀어서 인망을 얻은 사람이다. 수레(여)로 모셔진다는 것은, 사람들의 존경을 받는다는 뜻으로, 주역 박괘 상효 상전에도 " 군자가 수레를 얻는다는 말은, 백성이 존경해서 수레로 모신다"는 뜻이라고 하였다. '덕여'는 덕으로 수레를 얻는 것이니, 주변사람의 마음에 저절로 존경심이 우러나게 한 것이다.

茂林碩果 前程連이라

무성한 숲의 큰 열매가 앞길에 늘어졌네

무성한 숲에 큰 열매가 많이 열렸다. 영광된 공훈으로 좋은 이웃을 얻고 그들이 고맙고 존경하는 마음을 담아 덕여로 모시니, 최영훈 군자의 앞날에 큰 열매가 하나 둘도 아니고 무성하게 많이 펼쳐진 것이다.

甲辰 姤月 乾元

2024년 음력 2월에 건원 지음

갑진년은 2024년이고, 구월은 음력 5월로 밖에는 양이 극성하게 기세를 부리지만, 속으로는 음의 씨앗이 자라나 음의 세상을 만들 것을 계획하는 때이다. 양으로 커지기만 해서는 결실이 이루어지지 않는다. 음으로 자신의 기운을 모아야 좋은 결실을 얻을 수 있는 것이다. 주변을 잘 이끌어서 그들의 존경을 한 몸에 받는다는 뜻의 '덕여'라는 호와 잘 어울리는 계절이다.

금정 함영미

咸英美 淑女 雅號 錦井頌
함영미 숙녀 아호 금정송

英氣美風 生海精하니
영기미풍 생해정

山下出泉 成錦井이라
산하출천 성금정

有孚勿幕 供寒水하니
유부물막 공한수

暢發當年 福多定이라
창발당년 복다정

甲辰 大壯月 乾元
갑진 대장월 건원

1960년생
진천군 문화관광해설사

咸英美 淑女 雅號 錦井頌

함영미 숙녀의 아호 금정을 칭송함

'비단 금, 아름다운 금, 상대방을 높일 금' 자에 '우물 정, 샘 정' 자를 쓰니, 비단같이 곱고 아름다운 우물, 상대방을 공경하며 잘 대접하는 우물이라는 뜻이다. 땅에는 물이 있어야 한다. 그래서 샘을 판다. 샘에 우물이라는 둘레를 치고 사람이 가꾸면, 항상 맑고 찬 물을 먹을 수 있는 훌륭한 우물이 된다. 그러므로 항상 나를 가꾸는 마음으로 살아야 한다.

또 가뭄이 들 때나 홍수가 날 때도 우물물은 일정한 높이를 유지한다. 항상 누구라도 먹을 수 있고, 언제 어느 상황이라도 변치 않는 좋은 물을 제공하는 것이다. 우물을 만들기는 어려워도 한번 만들어지면 거의 영구적으로 쓸 수 있고, 또 길어먹으면 먹을수록 맑고 시원한 물이 나온다. 그러므로 항상 변치 않는 마음으로, 내가 베풀 수 있고 쓸 수 있는 한도에서 아끼지 말아야 한다.

또 서로 부담없이 떠먹으며 나눠줄 수 있다. 주는 사람도 얻어먹는 사람도 부담이 없는 것이다. 그저 '고맙습니다' 한마디면 된다. 사람들이 시원하고 맛있다고 즐거워한다. 주변의 모든 사람이 마시고 '고맙습니다' 하고 가니, 기분이 좋다. 나는 더욱더 금정을 잘 관리해서 더 시원하고 더 맑은 물을 제공할 것이며, 모여든 사람을 공경하며 반갑게 맞아들여서 모두가 시원한 기쁨을 누리게 하는 사람이다.

英氣美風 生海精하니

아름답고 꽃 같은 기운이 바다의 정수를 생하니

함영미 숙녀의 이름이 '영기미풍 생해정'으로 풀어졌다. 아름답고 꽃 같은 기운이 있는 이름으로 1갑자를 사니, 드디어 물의 가장 마지막 도달점인 바다의 정수가 만들어졌다. 좋은 기운과 다양한 인생경험이 응축되어 만들어진 소중한 정수이다.

山下出泉 成錦井이라

산아래 샘이 솟아 금정을 이루네

바다의 정수가 지맥을 타고 흐르다가 산아래 아늑한 곳에서 샘물로 솟아난다. 나는 그것을 아름답게 잘 가꾸어서 시원한 물이 나오는 우물로 만들었다. 그러니가 '영미'라는 이름이 열심히 살아서 '금정'을 만든 것이다.또 몽괘(蒙卦) 대상전에 "산 아래 샘이 솟아나는 것이 몽괘이다. 군자가 본받아서 과감히 행하며 덕을 기르느니라."고 하였으니, 이제부터 나의 행동은 좀 더 적극적이 되고, 한편으로는 지식을 넓고 깊게 배워서 지혜로운 덕을 길러야 하는 것이다.

有孚勿幕 供寒水하니

항상 뚜껑으로 막지 않고 맑고 찬물을 공급하니

그렇다. 아무리 좋고 시원한 물이 나오는 샘이라도, 우물이 더럽혀져서 마실 수 없거나, 뚜껑으로 막아서 못 마시게 하면, 다시 또 찾아가기가 저어된다. 그러므로 "아! 금정에 가면 항상 깨끗하고 시원한 물을 마실 수 있어."라는 믿음을 주어야 한다. 나는 언제 어느 때나 사람들에게 맑고 시원한 물 같은 사람이고, 나를 만나는 사람은 금정의 맑고 시원함을 얻어 가는 것이다.

나는 그들에게 아낌없이 물을 떠주고, '고맙습니다' 이외의 큰 보답은 바라지 않는다.

暢發當年 福多定이라

창발하는 해에 많은 복 받을 것이 결정 되었네

이제 1갑자를 살았으니, 나의 인생은 새롭게 시작된다. '영미'로부터 바톤 터치한 '금정'의 인생이 시작되는 것이다. 내가 금정을 잘 가꾸어서 '항상 뚜껑으로 막지 않고 맑고 찬물을 공급한다'는 믿음을 선사하니, 내 앞길이 새롭게 창발하고 다복한 인생이 전개되는 것이다.

甲辰 大壯月 乾元

2024년 음력 2월에 건원 지음

갑진년은 2024년이고, 대장월은 음력 2월로 양이 기세를 부리는 때이니, 앞으로 전진하며 공정한 사회를 만들 일만 남았다는 뜻이다. 나를 잘 가꾸어서 주변 사람들을 맑고 시원하게 해주는 금정이라는 호와 잘 어울리는 계절이다.

개석 허창회

許昌會 君子 雅號 介石頌
허 창 회 군 자 아 호 개 석 송

乾坤合德 生介石하니
건 곤 합 덕 생 개 석

群雄昌會 譽其晳이라
군 웅 창 회 예 기 석

明月得天 又照世하니
명 월 득 천 우 조 세

經綸男兒 日日碩이라
경 륜 남 아 일 일 석

庚子 芒種 乾元
경 자 망 종 건 원

1961년 충주 출생
1980 충주고등학교 졸업
1984 공군사관학교 32기로 졸업 및 소위 임관하여 전투조종사로 영공방위 임무완수
주요보직 : 15특수임무비행단 단장, 방공관제사령관, 공군교육사령관 역임.
학력: 대전대학교 획득관리 박사과정 수료
포상: 대통령표창, 보국훈장 천수장

許昌會 君子 雅號 介石頌

허창회 군자의 아호 개석을 칭송함

'절개 개, 굳을 개, 갑옷 개, 클 개' 자에 '돌 석, 바위 석, 돌비석 석' 자를 쓰니, '절개가 돌 보다 단단한 사람, 일을 처리할 때 옳다고 생각하면 주저하지 않고 실행하는 사람, 눈치보지 않고 옳은 일을 옳다고 말할 수 있는 사람'이다.

나는 눈치 보지 않고 소신껏 일하는 사람이다. 주역 예괘 육이 효사에 "육이는 절개가 돌과 같다. 날을 마칠 때까지 기다리지 않고 바로 실행하니 굳고 바르고 길하다(六二는 介于石이라 不終日이니 貞코 吉하니라). 상전에 말하기를 '날을 마치지 않아서 굳고 바르고 길함'은 중정하기 때문이다(象日 不終日貞吉은 以中正也라)."고 했다. 다른 효들은 행여 구사효의 사랑과 은총을 받을까 하여 눈치를 보는데, 육이효 만은 자기 할 일을 하고, 자기 길을 향해 미련없이 떠나니, 절개가 돌같이 단단하다고 칭찬한 것이다.

중국의 장개석(蔣介石) 총통이 점을 쳐서 예괘 육이효를 얻고는 이름을 '개석'이라 하고, 호를 '중정(中正)'이라고 하였다. 나 역시 그런 사람이고 또 그렇게 되도록 노력할 것이다.

乾坤合德 生介石하니

하늘과 땅이 덕을 합해서 개석을 만드니

'하늘 건, 땅 곤'이니, '건곤'은 하늘과 땅이라는 말이다. 하늘과 땅이 교감을 하여 만물을 만드는데, 그중에서도 특히 '개석'이라는 절개가 곧은 사람을 낳았다. 개석은 예괘 육이효의 '개우석

(介于石)'에서 나온 말이다. 장개석총통이 '중정'이라고 호를 지은 것은 상전의 '이중정야(以中正也)'에서 나온 말로, 중심을 잡고 바르게 처리한다는 뜻이다. '개석'이 제대로 되려면 '중정'이 뒷받침이 되어야 한다.

群雄昌會 譽其皙이라

영웅들이 성대하게 모여 그 밝음을 칭찬하네

씩씩하고 명예로운 사람들이 성대하게 모였다. 왜 모였는가? 허창회 군자의 '개석'과 '중정'을 실천해서, 세상을 밝고 분명하게 한 일을 칭찬하기 위해서이다. 여기서 허창회 군자의 이름을 '군웅창회 예기석'으로 해석하였다. '석(晳)' 자는 '날 일(日)' 위에 '쪼개고 가를 석(析)' 자를 썼다. 밝고 밝은 태양을 분석하고 나누어 흩뜨려서 더욱더 밝게 한다는 뜻이다. 그렇게 밝게 산 인생을 칭찬하는 것이다.

明月得天 又照世하니

보름달이 하늘에 떠서 또 세상을 비추니

태양이 낮을 밝힌 뒤에 보름달이 밤을 밝힌다. 그래서 '또 세상을 비춘다'고 하였다. 인생의 두 번째 장이 열린 것이다. 왜 열리는가? 인생의 1장은 '허창회'라는 이름으로 살고, 2장은 '개석'이라는 호로 살기 때문이다. 호를 받았기 때문에 2장이 열린다. 혹은 2장을 열려고 새로운 명칭인 호을 받은 것이다.

經綸男兒 日日碩이라

경륜있는 장부라 날이 갈수록 커지네

높고 넓고 깊으며 단단해야 커진다. 주역 곤괘에서 " 군자가 공경함으로써 마음을 곧게 하고 의리로써 행동을 방정하게 해서, 공경과 의리가 섬에 덕이 외롭지 않다."고 하였다. 외롭지 않다는 것은 주변에서 도우러 오기 때문이다. 내가 바로 서고 주변에서 도우니 클 수밖에 없다. '클 석'은 '돌 석(石)'에 '머리 혈(頁≒首)'을 한 글자이니, 머리가 꽉 차서 크고 무겁게 된 석학(碩學)이라는 뜻이다. 허창회 군자가 인생의 1장을 잘 살아왔으므로 경륜이 있는 대장부가 되었고, 그래서 주어진 임무를 잘 파악해서 처리하니 시대의 석학이요, 또 날마다 커지고 또 커지는 큰 사람이 되는 것이다.

庚子 芒種 乾元

2020년 망종에 건원이 짓다

망종은 날씨가 원만해져서 씨앗을 심는 때이다. 일생 키워온 씨앗을 겨우내 잘 간직했다가 다시 심는다는 뜻이니, 종즉유시(終則有始)의 좋은 절기이므로 개석이라는 호와 잘 어울린다.

심천 홍인종

洪仁鍾 君子 雅號 尋天頌
홍인종 군자 아호 심천송

厚德載物 鍾泰仁하니
후덕재물 종태인

尋天修身 因朋隣이라
심천수신 인붕린

六十四歲 遇休復하니
육십사세 우휴복

七日來回 福報印이라
칠일래회 복보인

甲辰 大壯月 乾元
갑진 대장월 건원

1961년 진천 출생
좌우명 : 默默. 思考. 創造

洪仁鍾 君子 雅號 尋天頌

홍인종 군자의 아호 심천을 칭송함

'찾을 심, 생각할 심, 평소 심' 자에 '하늘 천, 천명 천, 하늘의 운행 천, 하느님 천' 자를 쓰니, 하느님의 마음을 생각해서 그 뜻에 따르는 사람, 하늘의 운행을 살펴서 때에 맞는 행동을 하는 사람, 하늘이 부여한 성품이 무엇인가를 철학적으로 연구해서 후회 없는 인생을 사는 사람이라는 뜻이다.

내가 존재하는 것은, 우주대자연의 운행을 잘 이어지게 하라는 것이고, 조상으로부터 후손으로 이어지는 과정을 잘 조리하라는 것이며, 내 주변의 사람들과 잘 조화를 이루며 살라는 것이니, 시간적 공간적으로 치밀하게 얽혀있는 것이다. 나는 나의 본성이 무엇이고, 인생에서 추구하는 목적이 무엇이며, 우주대자연속에서의 나의 존재는 무엇이고, 그 대자연을 살아가는 나의 역할은 무엇인지를 생각하며 살아왔고, 앞으로도 그것을 알고 실천하며 살아갈 것이다.

厚德載物 鍾泰仁하니

후덕으로 만물을 포용해서 큰 씨앗을 모으니

홍종인 군자의 이름을 '후덕재물 종태인'으로 풀었다. 나의 세상을 포용하는 덕은 넓고도 크다. 나의 마음 속에 세상 모든 사람을 다 이해하고 배려하며 포용할 수 있다. 그러한 마음으로 사람을 포용하는 것이 곤괘(坤卦)에서 말하는 '후덕재물'이다. 마침 나의 이름이 '씨앗을 모은다는 뜻의 종인'이다. '인'은 천지인을 다 포용하는 씨앗이므로, 씨앗 속에 우주가 있고 우주 속에 씨앗이 있다. 천지인 중에 하나만 잘못되더라도 씨앗으로서의 가치를 잃고 싹틀 수가 없는 것이다. 그래서 넓고도 큰 덕으로 씨앗들을 포용해서 싹트게 하는 것이다.

尋天修身 因朋隣이라

천명을 찾는 수신이라 벗들이 와서 이웃이 되네

수신이 되면 제가 치국 평천하는 저절로 이루어진다. 내가 하늘의 뜻을 찾아서 본성을 찾아가는 것이 수신이다. 내가 바르게 살고 주변을 바르게 포용하니, 벗들이 찾아와서 이웃이 되어 친하게 지내자고 하는 것이다. 인생을 살면서 '후덕재물 종태인'을 실천하니, 드디어 하늘이 나에게 부여해준 뜻을 알게 되고, 더욱 겸손하게 수신을 하니, 모두가 이웃이 되어 화목해지는 것이다.

六十四歲 遇休復하니

64세를 맞아 아름답게 회복하는 운을 만나니

주역은 이 세상을 64개의 범주로 정했다. 이 세상의 환경과 그 안에서 벌어지는 일이 많고 많지만 크게 나누면 64개로 분류할 수 있다는 것이다. 마침 64세를 맞아서 64주역도수와 일치한다. 이 때에 복괘(復卦)에서 시작한 나의 운명이, 2번째 효로 진출해서 '아름답게 회복한다는 휴복'의 점괘를 얻었다. 근본을 회복하는 것이 천명을 아는 것인데, 나보다 어질고 현명한 사람들을 존경하며 본성을 찾으려고 노력한 결과이다.

七日來回 福報印이라

7일만에 다시 회복해서 반드시 복으로 보답받으리라

주역 괘의 효가 여섯이므로 그 다음에는 다시 처음이 되는 것이고, 우주의 운행도 다시 시작하는 것이다. 70대로 가면 더욱 좋아진다는 뜻이다. 내가 사람들을 포용해서 잘 보살피고, 천명을 알아 수신을 하고, 운이 다시 돌아오니 반드시 복을 받게 되는 것이다.

甲辰 大壯月 乾元

2024년 음력 2월에 건원 지음

갑진년은 2024년이고, 대장월은 음력 2월로 양이 기세를 부리는 때이니, 앞으로 전진하며 공정한 사회를 만들 일만 남았다는 뜻이다. 천명을 알아서 수신에 힘쓰고, 주변을 잘 포용하며 함께 행복의 길을 찾아간다는 뜻의 '심천'이라는 호와 잘 어울리는 계절이다.

이원 황영희

黃永姬 淑女 雅號 耳圓頌
황영희 숙녀 아호 이원송

低低密密 才得緣하니
저저밀밀 재득연

精心入神 爲耳圓이라
정심입신 위이원

積大先小 行升道하니
적대선소 행승도

永貞眞姬 報太輦이라
영정진희 보태연

甲辰 蟬月 乾元
갑진 선월 건원

참되게 살자.

黄永姬 淑女 雅號 耳圓頌

황영희 숙녀 아호 이원을 칭송함

'귀 이, 익숙할 이' 자에 '둥글 원, 원만할 원' 자이니, '어떤 말을 들어도 잘 새겨듣고, 또 아무리 좋지 않은 말이라도 잘 갈고 닦아서 좋은 말로 만들어 받아들이고, 더구나 그 말의 주인에게 좋은 말과 좋은 방책을 제시해서 좋은 사람으로 인도하는 사람'이라는 뜻이다.

공자님은 "쉰 살에 천명을 알았고(知天命), 예순 살에 귀로 들으면 그대로 순화되어 이해하였고(耳順), 일흔 살에는 마음이 시키는 대로 해도 법도를 넘지 않았다(不踰矩)."고 하셨다. 내 나이 이미 예순이 넘었으니, '이순'의 경지에 들어섰고, 남다른 사람들을 많이 만나서 특별한 경험을 많이 했으니, 사람의 말을 삭여듣는 경지에 이른 것이다. 나는 이 '이순'의 경지를 한 차원 더 승화시켜서 '이원'의 경지로 만들 것이고 그렇게 되려고 노력을 할 것이다.

나만 '이원'이 되는 것이 아니라, 주변 사람들도 '이원'이 될 수 있도록 도와주는 사람이 될 것이다.

低低密密 才得緣하니

낮추고 낮추며 은밀하게 해야 겨우 인연을 맺으니

황영희 숙녀는 거꾸로 사는 특징이 있다. 다른 사람하고 사고방식이 좀 달라서 묘하게 핀트가 잘 안 맞는다. 능력도 있고 운도 좋고 만나는 사람들도 좋은 편인데, 사소한 곳에서 관계가 틀어지는 것이다. 그래서 내가 낮추고 남모르게 선행을 해야만 겨우 좋은 사람을 만날 수 있었던 것이다. 사람들이 별로 중요하게 여기지 않는 것을 중시하고, 일정한 나의 기준이 있어서 나의 마음을 선뜻 내보이지 않았기 때문이다.

精心入神 爲耳圓이라

마음을 갈고닦아 신의 경지에 들어서서 이원이 되었네

이번 귀절에서 '이원'이라는 호가 생긴 이유를 설명하였다. '정심'은 울퉁불퉁했던 마음을 곡식 도정하듯이 갈고 또 갈아서 깨끗하고 순수하게 하는 것이다. 또 '입신'은 신의 경지에 들어갔다는 뜻으로, '정심'을 하고 또 해서 신과 같은 경지가 되었다는 것이다. 얼마나 많은 말이 나를 속 썩이고, 얼마나 많은 사람들이 나를 속 썩였던가! 하지만 한편으로 돌이켜 생각해보면 그들이 나의 스승이다. 나를 갈고닦아서, 모든 것을 달관하고 형통한 신의 경지에 올려놓은 것이다. 그래서 '보고 듣는 모든 일을 둥글둥글하게 잘 소화시키고 배려하는 이원'이 된 것이다.

積大先小 行升道하니

큰 것을 쌓기 위해 작은 것부터 쌓는 승괘의 도를 실행하니

'천리 길도 한걸음부터'이고, '태산도 한 줌의 흙들이 쌓여서 커진 것'이다. '작은 선을 쌓아서 큰 복을 받는 것'이고, '작은 노력이 쌓여서 큰 성공을 하게 되는 것'이며, '작은 인연이 쌓여서 여러 사람과 좋게 맺어지는 큰 인연이 되는 것'이다. 작은 것, 사소한 것을 소중하게 여기는 것이 성공하고 승진하는 승괘(䷭)의 도에 부합하는 것이다.

永貞眞姬 報太輦이라

영원히 바르게 하는 참 공주라, 큰 가마로 보답받네

황영희 숙녀의 이름을 '영정진희 보태연'으로 풀었다. '영희'는 '영정진희'인데, '오랫동안 바름을 잃지 않고 성실하게 사는 참된 공주'라는 뜻이다. 그렇다. 나는 철학을 공부하고 도덕을 공부해서 바르게 사는 사람이고 고귀한 품성을 지닌 하늘나라의 공주이다. 평생을 마음공부를 하고, 작은 인연을 소중히 하고, 그러면서도 바름을 잃지 않는 삶을 살았으니, 큰 가마에 태워져서 좋은 대접을 받는 공주로 보답받는 것이다.

甲辰 蟬月 乾元

2024년 음력 7월에 건원 지음

갑진년은 2024년이고, 선월은 음력 7월로 매미가 짝을 찾으며 울어대는 때이다. 음의 세력이 점점 커질 때를 맞아서 하루 속히 짝을 찾아 안정된 삶을 찾겠다는 뜻으로 울어대는 것이다. 이럴 때, 어떤 사람의 어떤 말이든지 잘 알아듣고 배려해서 좋은 길로 인도한다는 뜻의 '이원'을 호로 얻었으니, 황영희 숙녀의 정미롭게 순수해진 마음이 세상을 아름답게 할 것이다.